MICHAEL KELLER & ANDREAS SEEL

SO EINFACH GEHT WILD

ZERLEGEN – ZUBEREITEN – GENIESSEN

HEEL dfv Mediengruppe Fachbuch

Folgt gern dem Heel Verlag unter
instagram.com/heelverlag
facebook.com/heelverlag
youtube.com/heelverlag
@heelverlag
@heelverlag

HEEL Verlag GmbH
Gut Pottscheidt
53639 Königswinter

Tel.: 02223 9230-0
Fax: 02223 9230-13
E-Mail: info@heel-verlag.de
www.heel-verlag.de

Dieses Buch erscheint im Rahmen einer Kooperation mit dem Deutschen Fachverlag, Frankfurt am Main.

HEEL dfv Mediengruppe Fachbuch

Autoren
Michael Keller und Andreas Seel

Satz und Gestaltung
Phillip Hailperin, Berlin

Coverdesign
schere.style.papier, München

Projektleitung
Helge Wittkopp

Lektorat
Katharina Hellriegel-Stauder, Berlin

Fotos
© Ingo Hilger, Neuwied (www.horesco.de)
Mit Ausnahmen von:
© stock.adobe.com: Pretty-Vectors (Geweihillustration U1, S. 3, S. 6, S. 8, S. 10, S. 11), Stephanie Frey (Hintergrund U1, U4), elnavegante (S. 12), Dmitry Pichugin (S. 13), Bergringfoto (S. 17), Country-pixel (S. 18, S. 19, S. 27), Klaus Nowottnick (S. 20), Rionegro (S. 21), Bomenius (S. 22), ReNi (S. 23), H. Rambold (S. 26), Friedrich Hartl (S. 28), fujipe (S. 29), Budimir Jevtic (S. 30 l.), Johny (S. 31), Photo-hunter (S. 32), Bigc Studio (S. 33), Jairo (S. 34), Karin Jähne (S. 35 l.), Karsten Berlin (S. 35 r.), daseaford (S. 37)
© Michael Keller (S. 30 r.)

Printed in Latvia
ISBN: 978-3-7588-0001-6

MICHAEL KELLER & ANDREAS SEEL

SO EINFACH GEHT WILD

ZERLEGEN – ZUBEREITEN – GENIESSEN

HEEL dfv Mediengruppe Fachbuch

96 REZEPTE

154 DANK

158 UNSERE PARTNER

Die Mengenangaben beziehen sich in der Regel auf 4–6 Portionen, es sei denn, Sie waren den ganzen Tag als Treiber unterwegs, kommen gerade vom Kanzelbau oder, das andere Extrem, haben zuvor elegante Vorspeisen genossen.

MICHAEL KELLER
FLEISCH- & WILDSOMMELIER

Als mich der HEEL Verlag fragte, ob ich nicht Lust habe, ein Buch zu schreiben, da ich doch offensichtlich etwas zu sagen habe, habe ich nicht lange überlegt und relativ schnell festgelegt, dass es eine Art Gebrauchsanweisung werden solle. Diese sollte allerdings nicht kryptisch geschrieben sein, sondern einfach und nachvollziehbar, um unser ganz besonderes Naturfleisch aus Wald, Feld und Flur für viele erlebbar zu machen.

Aus meiner Erfahrung als Dozent an den Fachschulen für Fleischer und Köche, als Fachautor der Zeitschrift *Fleisch Marketing* und anderer Publikationen sowie als Ratgeber oder Hauptdarsteller bei Filmprojekten von Jagdzeitschriften weiß ich, wie einfach man mit Wildfleisch die leckersten Gerichte zubereiten kann, die ohne viel Aufwand hergestellt werden können. Viele meinen immer noch, dass Wildfleisch kompliziert in der Küche verarbeitet werden müsse und dann diesen strengen Geschmack habe, sodass man im Vorfeld das Fleisch immer in Wein, Essig oder Buttermilch marinieren müsse, damit es einigermaßen gelinge. Dazu solle es, außer dem Rücken des Schalenwildes, immer aufwendig geschmort werden – aber das stimmt ja alles nicht mehr. Wir haben beim Wild viel mehr Steaks und Kurzbratartikel, als man denkt. Außerdem ist das Wild das ganze Jahr über verfügbar und nicht nur in der kalten Jahreszeit.

Das Ziel dieses Buches ist es, Ihnen die Scheu zu nehmen und Sie anzuregen, öfter Wild zuzubereiten. Was gibt es Besseres als unser regionales, nachhaltiges, natürlich gewonnenes, geschmacklich großartiges Wildfleisch von allerhöchster Qualität? Als Metzgermeister, Fleisch- und Wildsommelier verstehe ich mich als Genussbotschafter zum Thema Wildfleisch und möchte Ihnen aufzeigen, welche tollen Möglichkeiten es gibt, Wild relativ einfach vor- und zuzubereiten. Ich bin mir sicher, dass Sie nach dem Genuss dieses Buches Wild als hochwertiges Genussprodukt viel öfter und ganzjährig zubereiten werden, und das nicht nur drinnen in Ihrer Küche, sondern auch draußen auf dem Grill. Das würde ich mir wünschen.

MICHAEL KELLER

- Jahrgang 1962
- zertifizierter Fleisch- & Wildsommelier
- Lehre zum Fleischer 1977, Fleischermeister seit 1983, seit 1996 selbstständiger Fachberater und Seminarleiter für Fleisch aus besseren Haltungsbedingungen
- Seit 2014 aktiver Jäger, Dozent und Referent zum Thema Wildkunde, Fachautor für Fachmagazine rund um Fleisch und Zubereitung
- Sein Motto: Essen zum Erleben, statt essen, um zu überleben – beim Fleisch konkret: weniger, natürlicher und besser als viel und billig aus der Mast

ANDREAS SEEL
KÜCHENMEISTER

Als Michael Keller mich ansprach, ob ich mit ihm ein Buch über Wild schreiben möchte, musste ich nicht lange darüber nachdenken. Wir kennen uns seit mehr als 15 Jahren und schätzen die Zusammenarbeit sehr. Sein Wissen rund um das Thema Wild und Wildgeflügel bietet er regelmäßig meinen Schülern in der Ausbildung zum Koch an. Wildfleisch hat für mich als Küchenmeister und Lehrer für Fachpraxis an der Julius-Wegeler-Schule Koblenz eine sehr hohe Bedeutung. Kaum ein Fleischprodukt kommt so nachhaltig und ressourcenschonend daher wie Wild aus heimischen Wäldern.

Sicherlich kennen Sie auch einen Jäger im Bekanntenkreis und haben sich bisher nicht wirklich an das Thema Wild und dessen Verarbeitung und Zubereitung herangetraut. Wir möchten mit dem vorliegenden Buch Brücken bauen und Ihnen die Scheu nehmen, fleischlich neue Wege zu gehen. Wild darf Teil Ihrer Essgewohnheiten werden. Seien Sie überrascht, wie einfach das geht. Ob auf dem Grill, im Schmortopf, in der Pfanne oder aus einem Sous-vide-Becken – alles ist möglich, und wir beide zeigen Ihnen gern, wie.

ANDREAS SEEL

- Jahrgang 1971
- Ausbildung zum Koch 1989
- Staatlich geprüfter Hotelbetriebswirt seit 2002 und Küchenmeister seit 2003
- Lehrer für Fachpraxis an der Julius-Wegeler-Schule Koblenz seit 2004
- Absoluter Genussmensch, Verfechter für gute und nachhaltige Lebensmittel, neugierig und ein Liebhaber des guten Geschmacks

TOM HEINZLE
BUCHAUTOR, GRILL- & BBQ-PROFI

Warum Wildbret? Wild ist gesund, nachhaltig und verdammt lecker. Wildbret und auch vegetarische Speisen werden meiner Meinung nach in naher Zukunft eine immer größere Rolle in unserer Ernährung spielen. Umso mehr freut es mich, dass sich mein geschätzter Kollege und Freund Michael Keller dazu entschieden hat, sein umfangreiches Wissen zum Thema Wildbret in Buchform weiterzugeben.

Um Wildbret richtig zu zerwirken und perfekt in der Küche oder auf dem Grill zu verarbeiten, braucht es viel Erfahrung, eine große Portion Fingerspitzengefühl und natürlich auch viel Kreativität. Es ist genau diese Kreativität, die notwendig ist, um Wild auch einer breiten Masse an Menschen näherzubringen. Wir müssen den Gästen und Kunden zeigen, dass Wild viel mehr ist als nur ein Schmorgericht, dass Wild mehr ist als nur Edelteile wie Rücken und Filet. Wir müssen aufzeigen, dass Wild ein Ganzjahresthema und nicht nur im Herbst auf unseren Tellern zu finden ist.

In diesem Sinne wünsche ich Michael und seinem Partner Andreas Seel viel Erfolg und freue mich, zwei neue Mitstreiter für die Mission Wild gefunden zu haben.

TOM HEINZLE

- Grill und BBQ, Firefood
- Best Book in the World *Wild grillen*, 2014
- Best Book in the World *Wild gegrillt*, 2023

PETER DIEKMANN
CHEFREDAKTEUR DEUTSCHE JAGDZEITUNG

Wer viel lacht und gern isst, der genießt das Leben. Wenngleich dieser Lebensgenuss am ehesten Italienern und Franzosen – überhaupt dem südlichen Europa – zugeschrieben wird, scheinen auch wir Germanen dahin gehend dazugelernt zu haben. Sowohl in Sachen Humor als auch im Hinblick auf kulinarische Genüsse. Zwar gibt es in Deutschland nach wie vor die klassische Hausmannskost, doch hat sich hierzulande in Bezug auf Küchen-Kreativität eine Menge getan – sicherlich auch durch die Einflüsse zahlreicher internationaler Kochkünste und diverser Küchenchefs, die diese mit der deutschen Küche kombiniert haben. Teils auf höchstem Niveau, teils aber auch sehr bodenständig.

In jedem Fall ist der von mir sehr geschätzte Michael Keller ein Mann, der wie kein anderer für diese Entwicklung steht. Die Freude am Leben ist für ihn als geborenen Rheinländer Pflicht und Kür zugleich, seine Leidenschaft fürs Essen, präziser für Fleisch, hat er über die Jahre zur Profession werden lassen. Nicht umsonst ist er zertifizierter Fleisch- und Wildsommelier. Er weiß, wovon er spricht und schreibt, lebt das Thema Wildfleisch wie kein anderer.

Mit diesem Buch sollen leidenschaftlich kochende Menschen an das Exklusiv-Lebensmittel Wildfleisch herangeführt werden. Wenngleich es das aus meiner Sicht gesündeste, natürlichste und schmackhafteste Fleisch ist, das hierzulande zu bekommen ist, fristet es in vielen Küchen noch ein Schattendasein. Dabei ist es einfach und regional zu beziehen sowie kinderleicht und variantenreich zu verarbeiten. Wild ist der pure Genuss! Wie vielfältig und bodenständig es zubereitet werden kann, zeigen Michael Keller und Andreas Seel in diesem Buch eindrucksvoll. Lassen Sie sich inspirieren und mitreißen. Sie werden sehen: Auf den Geschmack kommen Sie von ganz allein!

PETER DIEKMANN

- Passionierter Jäger und Hundeführer
- Erfahrener Drückjagd-Schütze
- CIC Senior International Trophy Judge

JAGD IN DER UR- UND FRÜHGESCHICHTE

Wenn man die Menschheitsgeschichte seit der Entdeckung des Feuers vor ca. 300 000 Jahren in 24 Stunden zusammenfassen würde, wären es in Europa nur 36 Minuten, in denen der Mensch nicht ausschließlich vom Fleischkonsum durch die Jagd gelebt hätte. Denn erst vor etwa 7500 Jahren begann hier im Westen Europas mit dem Ackerbau die Möglichkeit, urbane Räume zu schaffen und Tiere zu domestizieren. Wildfleisch beziehungsweise der Verzehr von tierischem Eiweiß war für die Entwicklung der Menschheit entscheidend. Unsere Vorfahren vor 3,2 Millionen Jahren, die sogenannten Urmenschen oder Omnivoren, hatten ein Gehirnvolumen von 560 cm³. Erst durch den Verzehr von tierischem Eiweiß entwickelte sich das Gehirn auf 1300 cm³ und damit vom Affen zum Menschen. Wild und Wildfleisch waren also entscheidende Faktoren in unserer Entwicklungsgeschichte.

In der Urgeschichte zogen die Jäger dem Wild hinterher, um es zu bejagen und als Nahrungsquelle zu nutzen. Man kann also sagen, dass die Jagd das erste Handwerk in der Geschichte der Menschheit war. Wild wurde roh verzehrt, auch Schnecken, Muscheln und Insekten wurden gesammelt und gegessen. Erst mit der Entdeckung des Feuers war es möglich, Wildfleisch anders zuzubereiten und haltbarer zu machen. Damit begann die Möglichkeit, sesshaft zu werden und gezielt in der heimischen Region zu jagen. Auch das Fallenstellen war weitverbreitet und sorgte für entsprechende Nahrung, wenn das Wild in die Falle ging.

Wildfleisch war und ist eine der hochwertigsten Nahrungsquellen, die der Mensch nutzen konnte. Das Schöne daran war, dass es auf natürliche Weise immer mehr wurde, denn die Reproduktionsrate des Wildes war höher als die der erlegten Stücke.

Höhlenmalereien in der Cueva de las Manos im Südwesten Argentiniens. Hier ist vermutlich eine Jagdszene mit Guanakos dargestellt.

Darstellung eines Jägers mit Bogen in der Gebirgskette Tassili n'Ajjer in Algerien (ca. 9000–10 000 Jahre alt)

JAGD HEUTE

Heute unterscheiden wir die Jagdarten in unseren Revieren in Ansitzjagd, Pirschjagd und in Gesellschaftsjagden – hier gibt es die Treib-, Drück- oder Durchgehjagden. Zudem gibt es noch die Erntejagd. Bevor wir zu den Jagdarten kommen, sei an dieser Stelle erläutert, warum der Jäger zweimal Silvester feiert: Einmal begeht er es so wie alle am 31. Dezember mit dem Ende des Kalenderjahres und ein weiteres Mal am 31. März mit dem Ende des Jagdjahres, denn das Jagdjahr beginnt mit dem 1. April und endet am 31. März. Aus diesem Grund sind die Streckenlisten auch immer mit zwei Kalenderjahren vom 1. April bis 31. März gekennzeichnet. Das bedeutet für das Wild, dass alle Wildtiere am 1. April Geburtstag haben und im neuen Jagdjahr, wenn sie im Vorjahr geboren wurden, zwei Jahre alt werden.

Schlafkanzel an der Waldkante

Ansitzjagd

Jeder sieht in den Revieren im Wald oder auf den Wiesen und Feldern Hochsitze stehen. Diese werden in der Regel für die Ansitzjagd genutzt. Meist stehen diese Hochsitze und Kanzeln an exponierten Stellen, an denen das Wild vorbeikommt und/oder man es gezielt anlocken kann. Zum einen haben wir dort meist Salzlecksteine, die auf Rundpfosten oder oben auf abgestorbenen Bäumen angebracht sind. Wild benötigt immer mal wieder genau wie wir Menschen Salz und an diesen Stellen weiß es, dass es dort Salz gibt: Das Salz wird etwas weicher und läuft bei Niederschlag am Stamm herunter, sodass die Wildtiere es durch Lecken am Stamm aufnehmen können. An diesen Einzelansitzen werden dazu in offenen Bereichen, also auf offenen Flächen hinter Dickungen, Suhlen angelegt, um es den Wildschweinen gemütlich zu machen. Dazu kommen sogenannte Kirrungen, bei denen meist Maiskörner unter Steinhaufen oder in Trommeln als Futter angeboten werden. Malbäume runden diese Wohlfühloasen ab, das sind die Bäume, an denen sich die Schweine nach erfolgreichem Schlammbad schubbern können, um ihre Parasiten loszuwerden. Das Ziel des Jägers ist es, in völliger Ruhe Wild anzusprechen, so nennt der Jäger die Beurteilung der Tiere, nachdem er sie gesichtet hat. Das bedeutet die Einordnung in: „Jawohl, passt zum Jagdziel, zur Jagdzeit und zum Abschussplan“ oder aber auch nicht – dann kann man das Wild wieder ziehen lassen. Die Hochsitze, das sagt schon der Name, sind hoch über dem Boden, damit man beim Schuss von oben nach unten in Richtung des Waldbodens schießt, um einen passenden Kugelfang zu haben. Man muss wissen, dass eine Büchsenpatrone, die den Lauf verlässt, ohne Hindernisse circa fünf Kilometer weit fliegen kann, deshalb muss immer ein natürlicher Kugelfang gewährleistet sein, denn man könnte ja theoretisch auch danebenschießen. Darüber hinaus jagen wir mit sogenannten Zerlege- oder Deformationsgeschossen, die, wenn sie auf den Wildkörper treffen, sich im Wildkörper zerlegen oder deformieren und aufgrund der Schussenergie auf der anderen Seite in Teilen wieder austreten, um eine größtmögliche Tötungswirkung herbeizuführen. Diesen Austritt von Teilen des Geschosses nennt man Ausschuss – auch dafür muss dann der Kugelfang vorhanden sein. Der Kugelfang kann, wie beschrieben, der Waldboden, aber auch ein Gegenhang oder ein passender Hügel sein. Wichtig, um eine schnelle Tötungswirkung zu erzielen, ist der passende Treffersitz, der zum einen rasch tötet und zum anderen das Wildbret zur Nahrungsgewinnung schont. Optimal ist der Schuss beim breit stehenden Wild auf den vorderen Bereich hinter dem Schulterblatt. Das ist ein tödlicher Treffer in – so umschreibe ich das immer – den Maschinenraum, bei dem Herz und Lunge verletzt werden, das Atemsystem versagt und der Blutdruck rasch abfällt. Das Tier ist innerhalb von zwanzig Sekunden ohne Blutkreislauf sofort tot, das sind beste Voraussetzung für eine hervorragende Wildfleischqualität bei entsprechender Versorgung.

Bei der Ansitzjagd spreche ich immer von der ruhigen Jagdart, denn das Wild tritt aus auf die Fläche an der Kirrung beziehungsweise auf das Feld oder die Wiese und bekommt vom Jäger nichts mit. Man hat als Jäger genug Zeit, sich passend einzurichten, dann irgendwann fällt der Schuss und das Stück Wild bricht, ohne dass es vorher was gemerkt hat, vielleicht noch mit einem leckeren Bissen im Äser oder in der Schnauze, tödlich getroffen zusammen. Allerdings muss man bei dieser Jagdmethode Geduld haben, denn man wartet darauf, dass das passende Wild genau an dieser Stelle aus dem Wald austritt. Das Schöne daran ist, dass man zur Ruhe kommen und die Natur genießen kann. Bei uns im Bergischen reden wir davon, dass man bei Ansitzjagden auf Wildschweine im Durchschnitt die Stundenzeit sitzen muss, die das Wildschwein wiegt, also vierzig Kilogramm Sau bedeuten vierzig Stunden gesessen. Da benötigt man passendes Sitzfleisch.

Angehen des Wildes mit Zielstock

Pirschjagd

Eine andere Art der Einzeljagd ist die sogenannte Pirschjagd, hierbei bin ich als Jäger aktiv und suche passendes Wild in Wald, Feld oder Flur. Unterstützt werde ich dabei von einem Fernglas, einem Pirschstock, der mir auch als Gewehrauflage zum Schießen dient, und seit ein paar Jahren von einer Wärmebildkamera, mit der ich Wild ausmachen und teilweise auch direkt ansprechen, also beurteilen kann. Beim Pirschen muss man zwingend das Wild gegen den Wind angehen, denn fast alle Wildarten haben neben dem hervorragenden Sehvermögen einen ausgeprägten Geruchssinn, und sobald menschliche Witterung auszumachen ist, sind sie verschwunden. Wenn man dann allerdings ein passendes Stück Wild auf der richtigen Schussentfernung ausmacht und der Kugelfang gegeben ist, sollte es schnell gehen: Bevor man selbst bemerkt wird, sollte die tödliche Kugel den Lauf verlassen haben. Natürlich muss man sehr leise pirschen und immer wieder stehen bleiben, um zu sichern. Zudem stellt sich die Frage nach der richtigen Schussentfernung. Das ist recht unterschiedlich: Während es im Gebirge zum Beispiel auf Steinwild wie Gams, Steinbock oder auch Rotwild durchaus Schussentfernungen von bis zu 300 Metern geben kann, sind es im Wald bis circa fünfzig Meter und im freien Feld oder Grasland sind in der Regel bis zu 200 Meter möglich, immer den passenden Kugelfang vorausgesetzt. Übrigens ist die Pirschjagd im Hochgebirge fast die einzige gangbare Jagdart.

Jäger auf dem Weg zur Drückjagd mit festgelegten Plätzen

Drückjagd

Wenden wir uns der Drückjagd zu. Diese muss immer optimal geplant sein. Die Einladung sollte rechtzeitig erfolgen, damit alle Beteiligten pünktlich vor Ort sind: die Schützen, die Treiberwehr mit passenden Hunden, die Nachsucheführer mit ihren Schweißhunden, der Wildhändler für die Wildversorgung. Im Vorfeld muss man die Standorte der Schützen festlegen, eventuell vorhandene Drückjagdsitze oder Hochstände überprüfen und instand setzen – meistens müssen dazu neue gebaut werden, wenn die alten Einrichtungen in die Jahre gekommen sind. Die Planung ist elementar: Wo postiert man die Schützen? Muss man die Fernwechsel zu den Nachbarrevieren abstellen? Organisiert man die Jagd gemeinsam mit den Nachbarn? Von wo gehen wann die Treiber los? Dazu benötigt man passende Hunde, die zum Aufstöbern des Wildes wichtig sind und dieses aus den Einständen, in denen sie festliegen, hochmachen und auf die Läufe bringen, damit die Schützen Chancen haben, Wild zu erlegen.

Wenn dann am Jagdtag die Jägerschaft zusammenkommt, gibt der Jagdherr das Wild frei, das von den Schützen erlegt werden darf, dann werden die Jagdscheine kontrolliert und schließlich wird mit Jagdhörnern die Jagd angeblasen. Im Anschluss werden die Schützen dann von

Feldjagd auf Niederwild, wie Hase oder Fasan, mit der Flinte – dieses wird mit Schrot geschossen

Jagdverantwortlichen, die sich im Revier auskennen, auf die einzelnen Stände verteilt. Hier gibt es noch passende Tipps mit entsprechenden Sicherheitsaspekten und dann ist jeder Jäger für seinen Schuss verantwortlich.

Die Treiber sind genau wie die Schützen und die Hunde in Signalkleidung ausstaffiert und gehen dann in Kette zum Beunruhigen des Wildes mit vorgeschriebener Route durch das Revier. Jetzt werden die Hunde geschnallt, also frei laufen gelassen, um Wild auf die Läufe zu bringen. Als Treiber klopft man mit Stöcken auf Bäume, nutzt Trillerpfeifen, um Lärm zu machen und um das Wild in Bewegung zu bringen. Meist sind für diese Jagdart zweieinhalb bis drei Stunden angesetzt, damit erlegtes Wild rechtzeitig versorgt werden kann. Nach diesem Zeitpunkt wird der „Hahn in Ruh" geblasen – diese Uhrzeit ist aber im Vorfeld bereits jedem Schützen bekannt –, die Waffen werden entladen und erlegtes Wild wird geborgen, aufgebrochen, passend versorgt und im Anschluss in die Kühlung gehängt. Im Nachgang gibt es meist eine Mittagspause mit einer stärkenden Suppe und alkoholfreien Getränken und am frühen Nachmittag wird die Drückjagd an anderer Stelle im Revier für zweieinhalb bis drei Stunden fortgesetzt.

Diese Drückjagden finden meist im Herbst und Winter statt und dienen dazu, sehr konzentriert und kompakt eine möglichst große Strecke zu machen und nach dieser großen Beunruhigung Ruhe einkehren zu lassen, damit das Wild wieder vertrauter im Revier unterwegs ist. Im Anschluss der Jagd wird die Strecke gelegt, das macht man heute aus Hygienegründen in der Regel nicht mit dem komplett erlegten Wild, sondern mit einzelnen Stücken, und diese Strecke wird von den Jagdhornbläsern traditionell verblasen.

Dann folgt der gemütliche Teil der Jagd, wenn die Bläser das Signal zum Essen und Trinken zum Besten geben. Das kennt übrigens garantiert jeder Jäger. Dann beim sogenannten Schüsseltreiben tauscht man sich mit den Jagdkameraden über diesen Jagdtag, Gott und die Welt aus und lässt einen hoffentlich spannenden, erfolgreichen Jagdtag Revue passieren.

Die Drückjagden mit großen Strecken decken dann den Bedarf im Verkauf ab, denn für viele Menschen gibt es historisch gesehen eine sogenannte Jagdsaison, die Mitte September beginnt und Mitte Januar endet. Das war mal so richtig, denn früher hatte man nicht die Kühlmöglichkeiten wie heute und man musste das Wild in der kalten Jahreszeit erlegen, um es als hochwertiges Nahrungsmittel zu verwerten. Gekühlt wurde in der freien Natur, wo das Wild in der Decke (Reh/Hirsch) oder Schwarte (Wildschwein) draußen zum Abreifen aufgehängt wurde. Heute stimmt das so nicht mehr, denn dank passender Wildkühlschränke oder Kühlkammern haben wir das ganze Jahr Saison. Wild vom Grill zu Beginn der Grillsaison und im Sommer ist mit der größte Genuss, den man sich im Fleischbereich vorstellen kann.

Flintenjagd auf Niederwild mit Stöber- und Vorstehhunden

Erhöhter Jagdsitz als Kanzel bei der Erntejagd

Erntejagd

Bei der Erntejagd – zum Beispiel im Raps, Weizen oder Mais – hat der Landwirt oder der zuständige Jäger festgestellt, dass Wildschweine im Feld sind. Auch diese Jagd muss gerade von den Sicherheitsaspekten her sehr gut geplant sein, denn gejagt wird nah an den Erntemaschinen. Wenn die Landwirte ernten, wird dies mit entsprechenden Maschinen meist von außen nach innen bewerkstelligt. Das bedeutet, dass die Dickung für die Schwarzkittel immer dünner wird und irgendwann werden die letzten Reihen geerntet, dann hilft nur noch Flucht in die nächste Dickung. Hier sollten die Jäger so abgestellt sein, dass sie bedenkenlos die flüchtenden Schweine von erhöhten Positionen aus (Kugelfang) bejagen können. Also muss alles im Vorfeld so abgestellt sein, dass die Fluchtwege festgelegt sind, dass die Jäger sich nicht gegenseitig gefährden können und man ausreichend Platz hat. Bejagt werden jetzt ganz gezielt die Überläufer und Frischlinge, also die ersten Stücke nicht, da dort in der Regel die Leitbache dabei ist. Bei diesen Jagden hat man mit mehreren Jägern immer gute Gelegenheiten, am Tag im Hellen fette Beute zu machen. Aber man muss dazu sagen, dass die Leitbache, die die Fluchtrichtung vorgibt, äußerst intelligent ist und Gefahren wittert – daher läuft sie manchmal in die Richtung von Häusern und schwenkt erst später Richtung Wald oder anderer Dickung ein, sodass man keine Schussgelegenheit bekommt.

Durchgehjagd

Ähnlich wie die Drückjagd läuft die sogenannte Durchgehjagd ab. Sie ist eine Jagd im kleineren Rahmen in bestimmten Revierteilen mit passenden Dickungen, bei denen man weiß, dass dort Wild präsent ist. Hier stellt man die Jäger an bekannten Wechseln ab, das sind die üblichen Laufwege des Wildes, und geht mit kleiner Treiberwehr und ein paar Hunden durch die Dickungen zur Beunruhigung – so hat man gute Chancen, das Wild hochzumachen und das eine oder andere Stück zu erlegen. Wenn dies oft mit den eigenen Revierjägern durchgeführt wird, baut man darüber hinaus ein gutes Miteinander und Zusammengehörigkeitsgefühl auf.

Jagd mit Hunden, diese bringen das Wild in Bewegung

ENTNAHME DES JÄHRLICHEN ZUWACHSES

Wie bereits eingangs erwähnt, haben wir mit Wildfleisch das natürlichste Fleisch, das man sich vorstellen kann. Es darf nicht bio genannt werden, da Wild eventuell auch auf behandelten Feldern frisst oder äst. Meiner Meinung nach ist es sogar besser als bio, denn es ist bewegungsmäßig nicht eingeschränkt, es geht dorthin, wo es hinwill, und frisst da, wo es möchte – und das ohne Zufütterung. Eine Ausnahme bildet das Wild in Notzeiten wie zum Beispiel in den Alpen, wo zugefüttert werden darf, wenn aufgrund von exorbitanten Schneefällen oder großer Kälte nichts oder wenig an natürlichem Futter zur Verfügung steht. Diesen Sachverhalt hatten wir bei uns hier im Bergischen Land oder im Westerwald schon Jahrzehnte nicht mehr.

Was ist mit der natürlichen Gewinnung des jährlichen Zuwachses gemeint? Hier wird im Grunde festgeschrieben, dass wir als Jäger den jährlichen Zuwachs an Wild erlegen und aus der Natur entnehmen, um daraus ein hochwertiges Nahrungsmittel herzustellen. Wenn man sich unsere Hauptwildart, das Rehwild, anschaut, so haben wir hier einen jährlichen Zuwachs von hundert Prozent.

Wildschweine im Rottenverbund auf einem Wechsel

Das bedeutet, dass, wenn wir am 1. April dreißig Stücke Rehwild im Revier haben und wir nichts machen, dann am 31. März des Folgejahres sechzig Stück Rehwild auf dieser Revierfläche zählen. Somit sind wir angehalten, die Abschüsse so zu planen, dass wir am Ende des Jagdjahres dreißig Stück Rehwild – aufgeteilt in jeweils fünfzig Prozent männlich und fünfzig Prozent weiblich – auf der Streckenliste haben. Zu berücksichtigen ist dabei auch das sogenannte Fallwild, das dem Straßenverkehr zum Opfer fällt, auch das wird in der Streckenstatistik berücksichtigt und mit aufgeführt. Wenn wir, um bei diesem Beispiel zu bleiben, das Rehwild nicht bejagen würden, wie es einige Jagdgegner fordern, da sie die Meinung vertreten, es ginge auch ohne Jagd durch Selbstregulation, dann hätten wir garantiert noch viel mehr an Wild tot oder verletzt auf unseren Straßen liegen. Das liegt natürlich an unseren dicht besiedelten Kulturlandschaften, denn das Wild hat in seinen uralten geprägten Wechseln – so nennt man die immer wieder vom Wild benutzten Wege – nicht berücksichtigt, dass da irgendwann Straßen mit regelmäßigem Straßenverkehr sind. Ein weiterer Aspekt, der hier berücksichtigt werden muss, ist der, dass diese Unfälle mit Wild ja nicht nur das Wild verletzen beziehungsweise meistens töten, sondern dass es neben dem Karosserieschaden sehr oft auch zu Personenschäden kommt, manchmal sogar mit tödlichem Ausgang.

Meine Quintessenz ist, dass die Jagd notwendig ist, um Bestände zu regulieren und vor allen Dingen, um hochwertigstes Wildbret als eines der top Lebensmittel im Fleischbereich zu gewinnen. So sehen die Reproduktionsraten im Einzelnen bei den wichtigsten Wildarten aus: Beim Rotwild liegen wir bei 35 Prozent, wäre also am 1. April in unserem Revier das Rotwild – Geschlechter neutral – mit 100 Stück vorhanden, so wäre mit einem Zuwachs von 35 Stück zu rechnen, sodass wir auf 135 Tiere kommen. Dies bedeutet, dass 35 Stück Rotwild (Geschlechter neutral) in diesem Jagdjahr zu bejagen sind, davon fünfzig Prozent weiblich und fünfzig Prozent männlich. Das ist natürlich eine Theorie, aber im Grunde genommen stimmig. Beim Schwarzwild, also den Wildschweinen, reden wir heute von einer Reproduktionsrate von drei zu eins, was bedeutet, dass wir auf zehn Schweine einen Jahreszuwachs von dreißig Stück haben, wenn wir nicht bejagen. Hier zeigt sich, wie wichtig die Bejagung gerade auch von Schwarzwild ist. Es gilt, wie bereits angesprochen, jung vor alt: erst die Frischlinge, dann die Überläufer. Diese sollten mindestens achtzig Prozent der Strecke betragen. Das Wildschwein frischt aufgrund des hervorragenden Futterangebotes und der immer milder werdenden Witterung in unseren Breitengraden nicht nur im Zeitraum Februar/März/April, sondern aufgrund der möglichen Rauschzeiten bis zu dreimal im Jahr. Im Durchschnitt werden vier bis fünf Frischlinge gesetzt, damit erklärt sich auch der große Zuwachs im laufenden Jagdjahr. Ganz ehrlich, wenn ich die Wahl hätte zwischen schnell wachsenden Masthausschweinen und Wildschweinfleisch, dann wüsste ich genau, was ich bevorzuge, einfach aufgrund des deutlich besseren Geschmacks und der natürlichen Entnahme durch einen Schuss aus einer Büchse, ohne Transport, Stress und Enge in der Aufzucht.

Ein sogenannter Drückjagdbock in der Nähe eines Wechsels

VON DER JAGD BIS AUF DEN TELLER

Wildfleisch ist das natürlichste Fleisch, das wir für unsere Ernährung nutzen können, denn Wild hat keine begrenzten Flächen, die es abweidet, sondern kann sich frei in der Landschaft bewegen und frisst das, was die Natur gerade im Angebot hat. Viele reden über Nachhaltigkeit in der Tierproduktion, aber wenn man ehrlich ist, gibt es nichts Nachhaltigeres als Wild, das sich in Wald, Feld und Flur aufhält und aufwächst. Überdies ist es klimaneutral. Dazu kommt ein maßgeblicher positiver Aspekt: die Regionalität, denn Wild ist sehr standorttreu und lebt in seinen begrenzten Bereichen als sogenanntes Standwild. Daneben gibt es Wechselwild, das durch unterschiedliche Reviere zieht und mal hier und mal dort auftaucht. Wildbret aus heimischen Revieren ist ressourcenschonend und absolut natürlich. Wildfleisch kann nicht künstlich vermehrt werden, außer in Gattern, die für die Damwild-, aber auch Rotwild-Produktion genutzt werden; auch dieses Wild wird mit der Büchse erlegt und nicht geschlachtet. Der Pro-Kopf-Verzehr von Fleisch und Wurst liegt aktuell bei 57 Kilogramm pro Person und Jahr, davon sind mit circa 600 Gramm nur gut ein Prozent Wildfleisch – dies nenne ich mal Genuss der Natürlichkeit ohne Reue. Wir Jäger erbeuten durch die Jagd auf Wild eines der hochwertigsten Nahrungsmittel, das man sich vorstellen kann. Dies ganz natürlich nach erfolgreichem Schuss, wie zum Beispiel auf der Ansitzjagd, bei der das Hirschkalb beim Äsen ist und den tödlichen Schuss gar nicht mitbekommt. Jetzt muss professionell weiterverarbeitet werden. Wenn man Wildfleisch zubereitet, kann man je nach Jahreszeit geschmackliche Unterschiede feststellen, denn das Futterangebot verändert sich je nach Jahreszeit eklatant. Wenn man im Frühjahr mit Beginn der Austriebe von Gräsern, Blättern und Knospen ein passendes Stück Rehwild erlegt, hat man ein anderes Geschmacksbild als von November bis Mitte März, wenn das Futterangebot eingeschränkt ist und neben Gräsern viele Brombeerblätter für das Rehwild bereithält. Das zeigt sich auch bei der zweitstärksten Wildart, den Wildschweinen, die dann

Reviergänge sind wichtig, um zu sehen, wo das Wild ist

Rotwild im Gatter

richtig fett sind, wenn sie sich aus satten Raps-, Weizen- oder Maisfeldern bedienen, besonders im August, wenn der Mais in der Milchreife ist. Oder wenn die Eicheln und Bucheckern fallen und sie diese Nahrung im Spätherbst und Anfang des Winters aufnehmen. Dieses natürliche Futter ist in sogenannten Mastjahren, wenn die Bäume richtig voll mit diesen Herbstfrüchten hängen, in ausreichender Form vorhanden und bringt den Wildschweinen eine Futterquelle, die sie gut über den Winter bringt. Übrigens sind Wildschweine zu neunzig Prozent Pflanzenfresser. Den tierischen Eiweißanteil holen sie sich meist aus den Wiesen, die sie mit ihren Rüsseln, den sogenannten Wurfscheiben, umgraben, und fressen Schnecken, Würmer und Engerlinge, die unter der Grasnarbe leben. Ein paar Worte zur Wildeinteilung: Wir unterscheiden Hoch- und Niederwild, was historisch bedingt ist. Hochwild wie Rotwild, Gamswild oder Schwarzwild war dem Adel vorbehalten, während Niederwild auch von einfachen Bürgern gejagt werden konnte. Schalenwild sind Paarhufer, deren Zehen in sogenannten Schalen stecken, wie bei Hirschen, Damwild oder Rehwild. Die einzige Schalenwildart, die nicht zum Hochwild zählt, ist das Rehwild. Schalen sind die „Schuhe“ der Wildtiere. Die nächste Unterscheidung ist Haar- und Federwild. Haarwild sind Säugetiere, die lebend gebären, während Federwild Vögel sind, die Eier legen und ausbrüten. Die Felle des Haarwilds werden unterschiedlich benannt: Decke beim Reh- oder Rotwild, Schwarte beim Wildschwein und Balg beim Hasen oder Kaninchen.

REHWILD

Das meiste Vorkommen an Wild in Deutschland und auch das mit der größten Strecke ist der Hirsch des kleinen Mannes, das Rehwild, denn es gehört in der Wildkategorie zum Niederwild. Mit knapp 1,3 Millionen Stück auf der jährlichen Streckenliste in Deutschland nimmt es unangefochten den ersten Platz ein. Leider muss man dazusagen, dass ungefähr 200 000 davon als sogenanntes Fallwild erfasst sind, was bedeutet, dass diese Tiere entweder im Straßenverkehr umgekommen sind oder tot aufgefunden wurden. Rehwild ist sehr standorttreu und als Konzentratselektierer wählerisch bei der Futterauswahl. Es gehört zur Familie der Hirschartigen, genauer gesagt zu den Trughirschen. Diese leben das ganze Jahr über meist vereinzelt, schließen sich aber im Winter zu sogenannten Sprüngen zusammen. Wenn die Ricke ihre Kitze gesetzt hat, Mitte Mai bis Mitte Juni, läuft sie mit ihren Kitzen zusammen.

Die Jagdzeit auf Rehwild beginnt je nach Region im April oder Mai auf die weiblichen Stücke des Vorjahres, die sogenannten Schmalrehe, die nur in diesen beiden Monaten offen sind und die Böcke, dann bis zum Ende der Jagdzeit auf Rehwild. Ab September kommen dann die Ricken, also weibliche Stücke, und die Kitze dazu; die Jagdzeit endet Mitte bis Ende Januar. Damit kann man fast das ganze Jahr über auf Rehwild zurückgreifen. Für das Reh gilt wie bei vielen Wildarten die Jagdregel „jung vor alt“, allerdings wird der Jäger sehr gern auch den reifen, also mehrjährigen Bock bejagen. Das Besondere an Rehwild ist die ausgeprägte Zartheit der einzelnen Muskelpartien, wenn diese von Sehnen und Faszien freigeschnitten sind. Das gilt für die Rückenpartien, aber auch für alle Keulenmuskel oder Teilstücke aus dem Nacken oder der Schulter, die man hervorragend zum Kurzbraten, also als Steaks, nutzen kann. Die Brunft-

Kitzrettung mit Handschuhen und Grasnest vor der Wiesenmahd

Drohnen mit Wärmebildkameras suchen die Wiese nach Kitzen ab

zeit des Rehwildes ist im Hochsommer. Ende Juli und Anfang August suchen die Böcke die weiblichen Stücke auf, um diese zu beschlagen. Eine Besonderheit ist, dass die Ricken ihre befruchteten Eizellen erst ab Januar richtig ausbilden, damit sich die Kitze im Mutterleib entwickeln können. Das heißt, dass die befruchteten Eier vorher eine Eiruhe halten. In der Regel werden zwei Kitze gesetzt, die um die ein Kilogramm wiegen. In der Setzzeit sind die Jäger und Landwirte als Rehwild-Schützer gefordert, denn die Ricken setzen die geruchslosen Kitze in die hohen Wiesen, die zu diesem Zeitpunkt meist zum Mähen gedacht sind.

Vor der Mahd werden die Jäger dann zum Heger. Entweder gehen wir vor der Mahd durch die Flächen, um Kitze zu suchen oder, die modernere Variante, wir fliegen mit Drohnen und integrierten Wärmebildkameras in den frühen kühleren Morgenstunden die Wiesen ab, um die schutzlosen Kitze zu suchen und vor den immer schneller und breiter werdenden Kreiselmähern zu schützen. Dafür gibt es in einzelnen Kreisjägerschaften inzwischen passende Drohnen und ausgebildete Piloten. Die Jäger setzen diese entweder in Wannen oder am Rande der Mahdflächen hinter dem Zaun ab. Dabei ist es wichtig, die Tiere nicht mit offenen Handflächen zu berühren; meist nutzt man ein sogenanntes Grasnest und/oder man verwendet Einmal-Gummihandschuhe. Die Ricke lässt ihre Kitze allein, damit sie in Ruhe äsen kann. Danach sucht die Ricke ihre Kitze wieder auf und säugt sie. Übrigens muss die Ricke ihren Nachwuchs allein lassen, damit sie sich passend versorgen kann. Wenn sie äsen geht, würden die staksigen Kitze nur stören, außerdem wären die Kitze Fressfeinden wie Marderhund, Fuchs, Wildschweinen oder Wölfen wehrlos ausgeliefert. Wenn Sie im Frühjahr und Frühsommer allein gelassene Kitze im Gras sehen, bitte einfach liegen lassen; die Ricke wird wiederkommen zum Säugen.

ROTWILD

Kommen wir zum Rotwild, also dem Hirsch – dem sogenannten König der Wälder – und seiner Familie. Übrigens ist das Reh nicht die Frau vom Hirsch, um mal mit diesem Vorurteil aufzuräumen: Beim weiblichen Rotwild reden wir vom Kahlwild (da es kein Geweih trägt), das einzelne weibliche geschlechtsreife Stück ist das Alttier, auch Hirschkuh genannt. Mit einem Bestand um die 220 000 ist das Rotwild eine Wildart, die nicht überall heimisch ist, hier liegt der Schwerpunkt der Bestände in Mecklenburg-Vorpommern, in der Eifel und in Bayern, namentlich am Alpenrand, das dem Rotwild gute Rückzugsmöglichkeiten bietet. Rotwild ist in sogenannten Rotwildbezirken als größte Schalenwildart geschätzt, in einigen Bundesländern wie Bayern und Baden-Württemberg darf das Rotwild außerhalb dieser Rotwildbezirke konsequent bejagt werden.

Die Rotwildbezirke sind durch die Forstwirtschaft seit den Fünfzigerjahren so eingeschränkt, da man vermeiden möchte, dass Waldschäden durch Rotwild entstehen. Die Tiere fressen junge Triebe oder schälen Rinde von Laubbäumen, wenn das Futterangebot knapp ist, darüber hinaus wetzen die Hirsche – das sogenannte Verfegen – ihre Geweihe an jungen Bäumen. In einigen Bundesländern wird das Vorkommen von Rotwild in manchen Gebieten per

Ein starker Hirsch beim Brunftruf – ein kräftiges Röhren

Gesetz festgeschrieben. Rotwildbezirke oder -gebiete für Schalenwild, wie sie in den unterschiedlichen Bundesländern genannt werden, sind eine in Europa einmalige Regelung. In Deutschland gibt es Rotwild-Hegering-Gemeinschaften, die für ausgeglichene Bestände sorgen, in denen unter anderem die Abschusspläne festgelegt sind. Hier wird geregelt, welche Altersklassen und Geschlechter zur Jagd freigegeben sind. In einigen Regionen wird dies von den Bundes- oder Landesforsten in Zusammenarbeit mit den Jagdbehörden fixiert. Rotwild ist weltweit eine der am meisten verbreiteten Wildarten und dieses hochwertige Fleisch wird international sehr geschätzt, auch in der heimischen Gastronomie findet es viele Liebhaber. Das Fleisch kommt in der Regel als Hirsch- oder Hirschkalbfleisch auf den Markt. Ursprünglich war das Rotwild ein Steppenbewohner, aber heute fühlt es sich in unseren heimischen Waldgebieten sehr wohl. Vom Futter her ist es nicht so anspruchsvoll und frisst das, was gerade reif ist, Waldfrüchte genauso wie wildes Obst, Gräser, Kräuter und Knospen. Die Brunftzeit ist von September bis Oktober und wenn man das Brunftröhren der Hirsche hört, ist man schwer beeindruckt. Hier muss sich der Platzhirsch in allen möglichen Kämpfen beweisen, um weiterhin bei seinem Rudel an erster Stelle zu stehen. Starke Hirsche können bis zu 300 Kilogramm schwer werden, die weiblichen Hirschkühe (Alttiere) bleiben deutlich leichter bis ungefähr maximal 110 Kilogramm. Beeindruckend ist bei Hirschen, dass diese jährlich ihr Geweih erneuern. Im Februar fallen die Stangen – so nennt man die einzelnen Geweihteile – ab und dann erneuert sich das Geweih

Rotwild im Alpenbereich, hier wird teilweise in strengen Wintern mit Heu zugefüttert

innerhalb von vier Monaten. Es wächst mit zunehmendem Alter der Hirsche. Wenn die Wachstumsphase abgeschlossen ist, verfegt der Hirsch die abgestorbene Basthaut an jungen Bäumen, darüber hinaus schlägt er sein Geweih an Bäume, um den anhängenden Bast loszuwerden. Oft hört man auch diese Geräusche in Rotwildbezirken durch den Wald schallen. Im Gegensatz zum Rehwild lebt das Rotwild in Rudeln zusammen. Der Platzhirsch lebt mit seinen weiblichen Stücken zusammen, alle anderen Hirsche sind in Junggesellentrupps unterwegs. Sie verlassen dabei die eigentlichen Einstände und gehen auf Wanderschaft in Nachbarregionen. Einzelne Hirsche ziehen dann auf der Suche nach weiblichen Stücken auch in andere Rotwildbezirke, das trägt auch zum notwendigen genetischen Austausch bei. Im letzten Jagdjahr lag die Jagdstrecke bei 75 000 Stück.

WILDSCHWEIN

Die zweite Wildart mit großen Streckengrößen ist das Wildschwein, davon lagen im Jagdjahr 2021/2022 knapp 700 000 auf den Streckenplätzen in ganz Deutschland. Die Wildschweine leben in sogenannten Rotten, die von einem erfahrenen weiblichen Stück geführt werden. Die sogenannte Leitbache weiß, wo es die besten Fressplätze gibt, sie kennt die Orte, an denen Gefahr drohen könnte. In unserer dicht besiedelten Landschaft sind die Wildschweine meistens nachtaktiv. Tagsüber liegen sie in ihren Einständen und lassen den lieben Gott einen guten Mann sein. Diese Einstände sind meist geschlossene Dickungen, sehr gern liegen die Schweine in großen zusammenhängenden Brombeerbüschen in südwestlicher Hangausrichtung. Da dort bei Sonnenschein besonders warme Flächen zu erwarten sind, fühlen sie sich da außerordentlich wohl. Das Wildschwein ist eine sehr alte Wildart, man redet von einer Million Jahre und es gibt in der ganzen Welt Verwandtschaft, ob es das Warzenschwein in Afrika oder das Razorback in den USA ist. Auch alle unsere Hausschwein-Rassen stammen vom Wildschwein ab. Wildschweine wachsen immer weiter und so gab es tatsächlich einen erlegten Wildeber von 500 Kilogramm in Russland.

Wildschweine lieben feuchte Flächen, die sie gern durchwühlen, man redet da von sogenannten Suhlen. Die Schweine nutzen diese Flächen zum einen als Futterplätze und zum anderen als natürliche Badewannen, denn nach dem Suhlen in diesen Schlammflächen gehen sie an Bäume und schubbern sich Parasiten aus der Schwarte, in der sie – wenn der Schlamm angetrocknet ist – stecken bleiben. Männliche Wildschweine müssen den Rottenverband verlassen, wenn sie geschlechtsreif und in sogenannten Junggesellengruppen oder auch einzeln unterwegs sind. Der Keiler ist gut an seinem Pinsel

Wildschwein beim Sichern

Wildschweinrotte bei Nacht an der Kirrung

Wildschweinrotte mit Frischlingen im Frühjahr

(dem Penis) zu erkennen, der unter dem Bauch getragen wird. Die Frischlinge, also Jungschweine, haben ein gestreiftes Fell und werden von der Bache in einem sogenannten selbst gebauten Nest, also einer ausgepolsterten Fläche, zur Welt gebracht. Die ersten 14 Tage nach der Geburt bleibt sie meist bei ihren Frischlingen, um sie regelmäßig zu säugen, erst danach sucht sie wieder mit ihren Jungen die Rotte auf. Ein Jahr lang heißen die Kleinen Frischlinge, bevor sie zu sogenannten Überläufern werden. Die Rauschzeit, also die Paarungszeit von Wildschweinen ist in der kalten Jahreszeit von November bis Januar, sodass nach einer Tragezeit von drei Monaten, drei Wochen und drei Tagen in der beginnenden wärmeren Jahreszeit gefrischt werden kann, also der Geburtstermin der Frischlinge ist. Auch bei den Wildschweinen gilt bei der Jagd „jung vor alt“. Das Fleisch der Frischlinge und Überläufer ist heller als von adulten Tieren und ist geschmacklich deutlich milder als von älteren Tieren. Wildschweinfleisch hat deutlich mehr Fett als andere Wildarten und lässt sich hervorragend zu Wurst oder Schinken verarbeiten. Aber auch zum Kurzbraten, also als Steak, bieten der Rücken oder die Keule wunderbare Teile. Für das wilde Schwein gilt: Alles, was man aus Hausschweinen produzieren kann, geht auch von der wilden Sau. Die Klassiker wie Kotelett und Schnitzel oder Schinkenbraten und Bauchscheiben schmecken vom Wildschwein ausgezeichnet. Wildschweine haben das ganze Jahr über Saison, denn bis auf die führende Bache gibt es keine Schonzeit für Wildschweine und bei einer Zuwachsrate von 300 Prozent müssen Schweine massiv bejagt werden.

Ein Feldhase sitzt aufmerksam im Morgentau

FELDHASE & KANINCHEN

Feldhase oder Kaninchen gehören zu den Hasenartigen und liefern ein sehr aromatisches Fleisch, allerdings werden die Strecken dieser beiden Tierarten immer kleiner. Wenn man das Jagdjahr 2000/2001 als Vergleich nimmt, haben sich die Strecken in diesem Bereich bei beiden Tierarten mehr als halbiert. Im Jagdjahr 2021/2022 wurden gut 210 000 Hasen und gut 70 000 Kaninchen in die Streckenlisten eingetragen. Gerade beim sogenannten Niederwild macht sich die intensive Landwirtschaft und die Bewirtschaftung bis zur Waldkante und bis zu den Wegen massiv bemerkbar. Es fehlen die Feldraine als natürlicher Lebensraum. Die Häsin setzt ihre Jungen in der sogenannten Sasse. 42 Tage nach der ersten Deckzeit im Jahr bringt sie meist zwei bis drei Junge zur Welt, säugt diese immer mal wieder und hält sich dann aber woanders auf, um keine Aufmerksamkeit auf den Nachwuchs zu lenken. Meist ist die Sasse ein ausgehobenes Grasnest oder eine Senke, die heute in der Regel als Silofutter mehrfach gemäht wird, und da die Junghasen sich bei Gefahr einfach nach unten ducken, fallen sie regelmäßig dem Mähwerk zum Opfer. Kaninchen sind massiv vom Raubwild wie Fuchs und Marder, aber auch von Greifvögeln wie Bussard und

Habicht als Futterquelle bedroht und fallen hier dem natürlichen Feind zum Opfer. Vielen ist nicht bekannt, dass der Hase nicht in einem Bau, sondern in Wald, Feld und Flur als Einzelgänger im offenen Gelände lebt. Wildkaninchen hingegen leben in Kolonien in selbst gegrabenen unterirdischen Bauen. Hier bringen sie auch den Nachwuchs zur Welt. Zum Fressen müssen sie immer an die Oberfläche und sind als reine Pflanzenfresser auf Grünfutter angewiesen. Löwenzahn ist eines der Lieblingsspeisen von Hasen und auch Kaninchen, aber auch sonstige Gräser und Kräuter werden gern und mit Vorliebe verzehrt. Wenn die Felder frisch eingesät sind und die ersten Triebe wachsen, wird diese Futterquelle sofort angenommen und genutzt. Hasen sind meist in der Dämmerung und nachts aktiv, während Kaninchen den ganzen Tag über nach Futterquellen suchen. Kaninchen bevorzugen lockere, leichte sandige Böden, in denen sie gut graben können, sicherlich erinnert der eine oder andere sich an einen Besuch auf den Nord- oder Ostfriesischen Inseln und hat gedacht, so viele Kaninchen noch nie gesehen zu haben – hier ist die Bodenstruktur ideal, dazu kommen wenig Fressfeinde und eine sehr hohe Reproduktionsrate.

Kaninchenfleisch ist genau wie Feldhasenfleisch sehr cholesterinarm und man kann es vielfältig zubereiten. Gerade die Jungtiere vom Kaninchen mit ihrer rosa Fleischfarbe sind von äußerst zarter Struktur – mit wenig Fett, sehr fein gefasert – und haben einen sehr milden Wildgeschmack. Hasenfleisch hingegen ist deutlich intensiver, dies sieht man auch an der Farbe, die viel dunkler ist und leicht ins Violette übergeht. An der Fleischfarbe erkennt man auch das Alter der Tiere: je dunkler das Fleisch, desto älter ist der Hase.

Junghasenfleisch ist perfekt zum Kurzbraten geeignet, während Althasen am besten geschmort werden. Kaninchenfleisch ist sehr variabel in der Zubereitung, man kann es ganz leicht mit Kräutern und Senf zubereiten, sehr gut auch grillen oder kräftig mit Zwiebeln, Knoblauch und Speck mit Wein und Fond abgelöscht schmoren.

Kaninchen sind bekannt für ihre ausgeprägten sozialen Verhaltensweisen

FASANE & TAUBEN

Die größten Jagdreviere für Flugwild befinden sich in Nordrhein-Westfalen und Niedersachsen, insbesondere in der Voreifel, am Niederrhein und in der Norddeutschen Tiefebene. Diese Gebiete zeichnen sich durch ausgedehnte Ackerflächen, Flüsse und Seen aus, die idealen Lebensraum für Enten, Gänse und Fasane bieten. Zusätzlich zu den heimischen Graugänsen sind auch Nil- und Kanadagänse aufgrund des milden Klimas in unseren Breiten heimisch geworden.

Historisch betrachtet spielten Fasane eine bedeutende Rolle, insbesondere auf Adelsschlössern, wo sie in Fasanerien gezüchtet wurden, um den Jagdgästen erfolgreiche Jagden zu bieten. Ursprünglich aus Asien stammend, wurden Fasane von den Griechen nach Westeuropa gebracht und von den Römern wegen ihres geschmackvollen Fleisches geschätzt. Heute umfasst der Begriff „Jagdfasan“ verschiedene Arten, darunter den mongolischen Ringfasan und den Colchischen Edelfasan.

Fasane bevorzugen Lebensräume unter 500 Metern Höhe mit offenen Gehölzen, Wasserstellen sowie offenen Feldern und Wiesen. Ein Hahn wird in der Regel von fünf bis sechs Hennen begleitet. Männliche Fasane zeichnen sich durch ihr buntes Gefieder aus, einschließlich eines langen Federschweifs, bronzefarbener Brustfedern mit einem weißen Halsring, einem blauen Halsansatz und einer roten Maske. Ausgewachsene Hähne wiegen zwischen 1200 und 1500 Gramm und haben ein sehr mageres Fleisch mit einer rosa Färbung und einem feinen Wildgeschmack.

Fasane sind hauptsächlich Pflanzenfresser und ernähren sich von Saatgut, Beeren, Pflanzensamen und Gräsern. Gelegentlich nehmen sie auch Insekten und Würmer auf. Die Jagdsaison für Fasane

Männlicher Jagdfasan mit weißem Halsring

Türkentaube

Ringeltaube

erstreckt sich von Oktober bis Januar, je nach Bundesland. Häufig wird die Jagd mit Stöberhunden und Vorstehhunden ausgeübt, die dem Wild vorstehen und es dem Jäger ermöglichen, auf Schrotschuss-Entfernung zu jagen.

Bei der Taubenjagd konzentriert man sich in der Regel auf zwei Arten: Türkentauben und Ringeltauben. Ringeltauben sind die am weitesten verbreitete Wildtaubenart in unseren Breiten. Sie bleiben das ganze Jahr über hier, da das Klima mild genug ist und sie genügend Futterquellen finden können. Ringeltauben bevorzugen offene Felder mit kleineren Waldgebieten und hohe Eichenbäume an den Feldrändern als Schlaf- und Ruheplätze.

Wildtaubenarten wie Ringeltauben und Türkentauben haben nichts mit den Stadttauben zu tun, die man in unseren Städten auf großen Plätzen und um Kirchen herum findet. Ebenso wenig haben sie etwas mit den Tauben zu tun, die Hobbyzüchter im Ruhrgebiet auf Reisen schicken, um ihrem Taubensport nachzugehen.

Die Ringeltaube als größte Wildtaubenart bietet eine ordentliche Fleischportion mit einem Gewicht von 450 bis 550 Gramm. Taubenjagden sind oft gut organisierte Aktionen mit vielen Jägern auf größeren Flächen, um erfolgreiche Jagdergebnisse zu erzielen. Diese Jagden mit der Flinte und passendem Schrot, anstatt Kugeln, finden meist im Winter statt, um die Wintersaat, eine Hauptnahrungsquelle für Taubenschwärme, zu schützen. Das Fleisch der Tauben ist bekannt für seine intensive Farbe, die auf einen reichen Geschmack hinweist. Die Karkasse mit den Keulen ergibt eine intensive Brühe, die weiter reduziert zur berühmten Consommé führen kann, die angeblich Lahme wieder zum Gehen gebracht hat. In jeder Sage steckt ein Funke Wahrheit, und bei einer Erkältung gibt es kaum eine Speise, die so wohltuend ist wie eine Taubenbrühe. Die Brust eignet sich besonders gut zum Kurzbraten und gilt als Delikatesse.

Im letzten Jagdjahr wurden etwa 300 000 Tauben auf der Streckenliste verzeichnet, was die Beliebtheit dieser Jagdart unterstreicht.

ERNÄHRUNGSPHYSIOLOGISCHE VORTEILE VON WILDFLEISCH

Da Wildbret in der Regel sehr fettarm, oder, anders ausgedrückt, fettärmer als andere Fleischarten ist, bietet es sich auch für diätische Ernährungsformen an. Darüber hinaus ist Wildbret mit hochwertigem tierischem Eiweiß, also Protein, gesegnet. Dieses tierische Eiweiß hilft uns, konzentrationsfähig zu sein und zu bleiben. Wichtige Spurenelemente sind im Wildbret in höheren Konzentrationen als in anderen Fleischarten vorhanden, dazu gehören Eisen und Zink, aber auch Kalium und Phosphor als Mengenelement. Das Fett aus Wildfleisch ist reich an mehrfach ungesättigten Fettsäuren, darunter auch die wichtigen Omega-3-Fettsäuren, das sind die gesunden Fette, die den Körper eher schmieren, als sich abzulagern. Dazu – und das ist ganz wichtig – enthält Wildfleisch die lebensnotwendigen B-Vitamine, die nur im Fleisch vorkommen, darunter auch die wichtigen B6- und B12-Vitamine, die unter anderem zur Produktion der roten Blutkörperchen beitragen.

Rehwildteile, pariert zum Zubereiten

Im Gegensatz zur allgemeinen Meinung ist Wildfleisch nicht cholesterinärmer als andere Fleischarten. Aber Wildfleisch kann die cholesterinbewusste Ernährung aufgrund seines geringen Fettgehaltes unterstützen. Da die Fettkomponenten reich an mehrfach ungesättigten Fettsäuren sind, ist das Fleisch deutlich gesünder als Fleisch, das aus der Intensivproduktion kommt. Die ideale Ergänzung zu Wild bei den Mahlzeiten sind ballaststoffreiche pflanzliche Lebensmittel, die das Essen dann sehr ausgewogen und gut verträglich gestalten. Essen wir also zum Wildbret Salat und Gemüse anstatt Kohlehydrate wie Reis, Nudeln oder Kartoffeln, dann ernähren wir uns gesund.

WILDBRETHYGIENE

HYGIENE-RICHTLINIEN

Niederwild hängt im Balg oder Federkleid erst mal ab

Um hochwertiges Wildbret zu gewinnen, sind strenge Hygienemaßnahmen vor und nach dem Schuss entscheidend. Jäger zielen präzise auf den Schulterbereich, um Lunge und Herz zu treffen, was einen schnellen Zusammenbruch des Kreislaufs bewirkt und die Flucht minimiert. So bleiben Darm und Magen unverletzt, da der Schuss vor dem Rippenfell platziert wird, das eine natürliche Barriere bildet. Nach dem Schuss wird das Tier fünf bis zehn Minuten in Ruhe gelassen, bevor wir das Stück angehen und bergen.

Am sinnvollsten ist es dann, dass wir den Wildkörper an den Hinterläufen hängend aufbrechen. Dies kann im Wald oder auf dem Feld passieren, besser allerdings ist es an oder in der Wildkammer, wo uns direkt auch Frischwasser zur Verfügung steht. Der Bauchraum wird vorsichtig geöffnet, um Darm und Magen nicht zu beschädigen. Der Enddarm wird am Schloss gelöst und außen um den After herum abgeschnitten, um Kontaminationen zu vermeiden. Mit einem Messer oder einer Aufbrechsäge wird der Brustraum zwischen den Rippen geöffnet, um die Eingeweide zu entfernen. Nach sorgfältiger Prüfung auf Sauberkeit – glatt, glänzend, durchscheinend –, können essbare Innereien wie Nieren, Leber, Herz, Lunge und Zunge entnommen werden, sofern sie keine Schussverletzungen aufweisen. Sie werden dann zur weiteren Kühlung oder Verarbeitung vorbereitet. Das Wildfleisch wird im Kühlhaus oder Wildkühlschrank abgereift, um die Qualität zu optimieren, bevor es zerlegt und für den Verzehr vorbereitet wird.

MEHR INFOS

Weitere Informationen zur Hygiene, auch gesetzliche Bestimmungen zur Vermarktung findet man auf den Webseiten des deutschen Jagdverbandes: *www.jagdverband.de/rund-um-die-jagd/wildbret-hygiene-und-vermarktung*

FLEISCHREIFUNG
WARUM FLEISCH EINEM REIFE-PROZESS UNTERLIEGT

Was wäre Fleisch ohne passende Reifung? Das gilt natürlich auch für Wild. Damit Fleisch genussvoll wird, beginnt der Fleischreifeprozess nach dem Lösen der Totenstarre (Rigor Mortis). Die Zielsetzung beim Reifen ist es, eine ausgewogene Balance zwischen Aromatik, Saftigkeit und Zartheit des Fleisches zu erzielen. Je nach Größe und Alter des Wildbrets liegt die Reifezeit zwischen vier Tagen und drei Wochen. In der Vergangenheit war es üblich, Wild so abzuhängen, dass der Geschmack des Wildbrets sehr intensiv zu schmecken war. Man sprach dann vom sogenannten Hautgoût, der als Höhepunkt der Wildreifung galt. Um diesen intensiven Geschmack abzumildern, wurde dann das Wildbret in Buttermilch oder leichten Essig-Wein-Mischungen eingelegt, denn die Strenge des Wildgeschmacks gefiel nicht jedem und schreckte viele vom Wildgenuss ab.

Erlegte Krickenten reifen im Federkleid vor

Für mich steht der schöne französische Ausdruck Hautgoût eher für eine überlange und damit falsche Reifung, die schon an Verderb (also beginnende Verwesung) grenzt: meist zu warm, zu feucht und zu lange. Das hat sich Gott sei Dank geändert. Heute reifen wir Fleisch in passenden Kühlräumen oder Wildkühlschränken mit entsprechender Luftfeuchtigkeit und Temperaturen von 0 bis 4 Grad bis zum optimalen Verzehrpunkt ab. Das Ziel ist der einfache chemische Prozess, den pH-Wert von 7,0 bis 7,2 im lebenden Tier auf einen säuernden Wert um 5,4 bis 5,8 zu senken, der dann beim Reifeprozess im Idealfall wieder auf 6,0 bis 6,2 ansteigt. Der pH-Wert ist eine Maßeinheit für den sauren oder basischen Charakter einer wässrigen Lösung. Der neutrale Wert liegt bei 7,0, darunter ist er im sauren und darüber im basischen Bereich. Wir können auf zwei verschiedene Arten die Fleischreifung

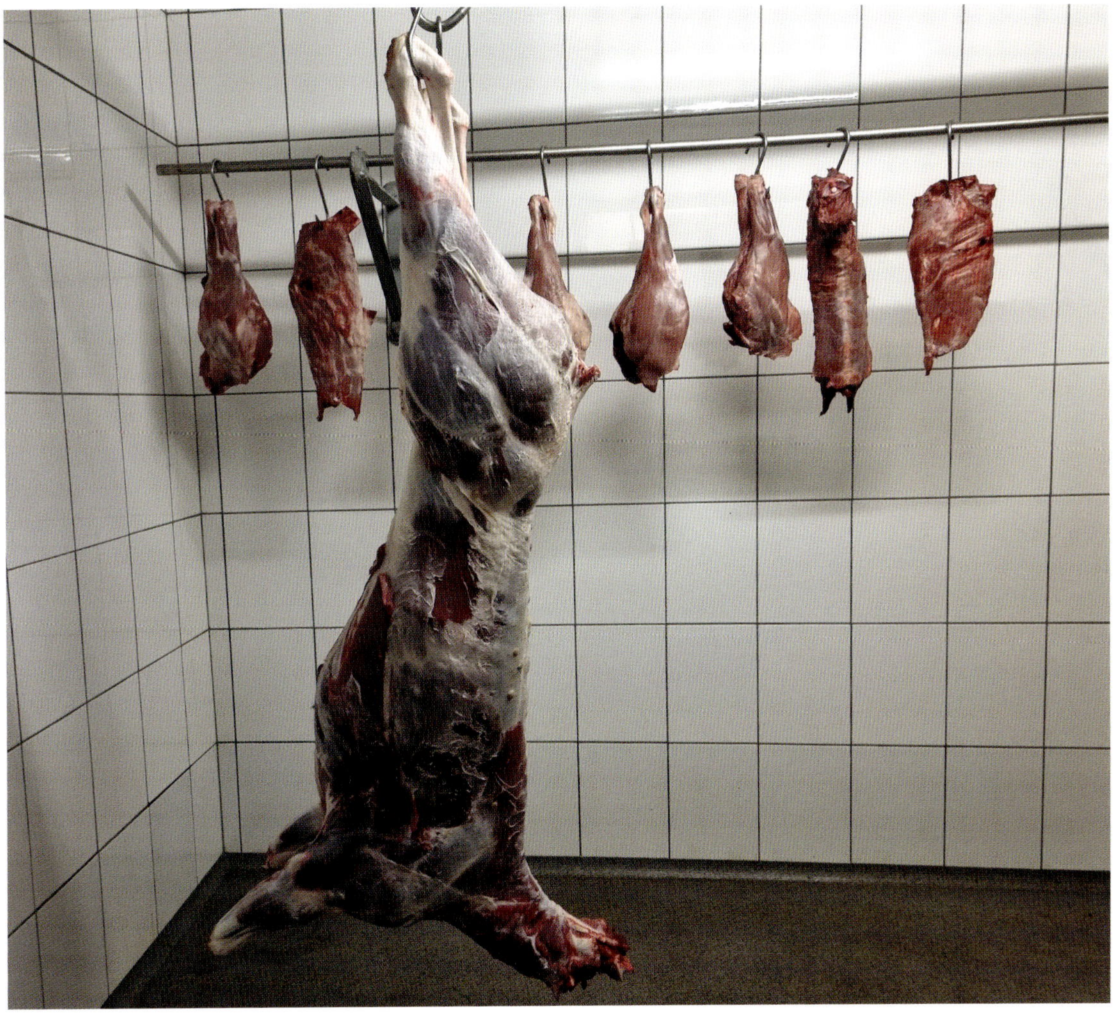

durchführen: Zum einen gibt es die aerobe Fleischreifung (mit Sauerstoff), wenn wir die Tiere im Ganzen hängen lassen, ob mit oder ohne Schwarte, Decke, Fell, aber auch beim Flugwild in Federn. Die zweite Möglichkeit ist die anaerobe Reifung (ohne Sauerstoff). Hier werden grob oder fein zerlegte Wildteilstücke im Vakuum ohne Lufteinschlüsse gelagert. Der Vorteil bei der sogenannten Nassreifung (Wet Aging) im Vakuum ist, dass man das Fleisch problemlos ohne viel Saftverlust abreifen und lagern kann. Dazu kann man es nach dem Reifeprozess so, wie es ist, einfrieren, um es lange ohne Frostbrand aufheben und dann bei Bedarf langsam im Kühlschrank auftauen zu können. Ohne passende Reifung wird auch das beste Fleisch zäh, man sollte es also nie zu frisch verzehren. Erst bei der Reifung kommen wichtige enzymatische Prozesse in Gang, die dafür Sorge tragen, dass dieses herrliche Wildfleisch für uns aromatisch, saftig und zart wird. Wenn dies dann so weit ist, sprechen wir von der sogenannten Tafelreife, also der Verzehrfähigkeit.

DAS RICHTIGE WERKZEUG

Das richtige Werkzeug gerade in der Be- und Verarbeitung von Wildbret ist notwendig, denn wenn man professionell aufgestellt ist, macht es auch am meisten Spaß. Was ist elementar wichtig?

Ein Schnittschutz- und Überziehhandschuh aus Nitril sind aus Sicherheits- und Hygienegründen obligatorisch. Dann benötigt man passende Messer zum Zerlegen des Wildes. Hier ist ein sogenannter Auslöser mit einer Klinge von 15 bis 17 Zentimetern die erste Wahl. Für Rehwild nutze ich gern einen Halbflexiblen. Für starkes Wild wie adultes Schwarz- und Rotwild empfehle ich allerdings einen Auslöser mit einer starren Klinge. Wichtig beim Zerlegen und Auslösen (die Jäger sagen „zerwirken") ist es, mit der Klingenspitze nah am Knochen vorbeizuschneiden mit dem Ziel, möglichst wenig Fleisch am Knochen und zugleich das Fleisch möglichst unversehrt zu lassen sowie die einzelnen Muskelpartien sauber zu trennen. Der flexible Auslöser eignet sich auch dazu, die Faszien und Häutchen von den einzelnen Muskeln – ob Keule oder Rücken – zu entfernen, damit das Fleisch zum Kurzbraten oder Grillen geeignet ist.

Das zweite Messer ist ein Zuschneidemesser mit einer 20 bis 23 Zentimeter langen Klinge, um saubere Schnitte zu tätigen. Ein Stahl zum Messerabziehen ist nötig, um die Messerklingen scharf zu halten und den Grad zu entfernen. Ich bevorzuge Werkzeug von Giesser, mit dem ich bereits seit meiner Lehre 1977 arbeite.

Elementar sind scharfe Messer, diese bieten nicht nur Sicherheit, sondern vereinfachen alle Arbeiten insgesamt. Beim groben Zerwirken von ganzen Tieren benötigt man bei schwereren Wildtieren für die Rippenknochen eine passende Knochensäge, man kann aber auch eine starke Astschere mit langen Griffen verwenden. Bei kleinerem Wild kann auch eine Amboss-Rosenschere praktisch sein.

Neben den passenden Messern ist es für die Be- und Verarbeitung von Wild von großem Nutzen, wenn man geeignete Maschinen und Geräte hat. Hierfür bietet der Produzent Landig & Lava für die Jäger- oder Küchenhaushalte neben einigen anderen Anbietern alles, was man dafür benötigt.

Passendes Zerlege- bzw. Zerwirkwerkzeug

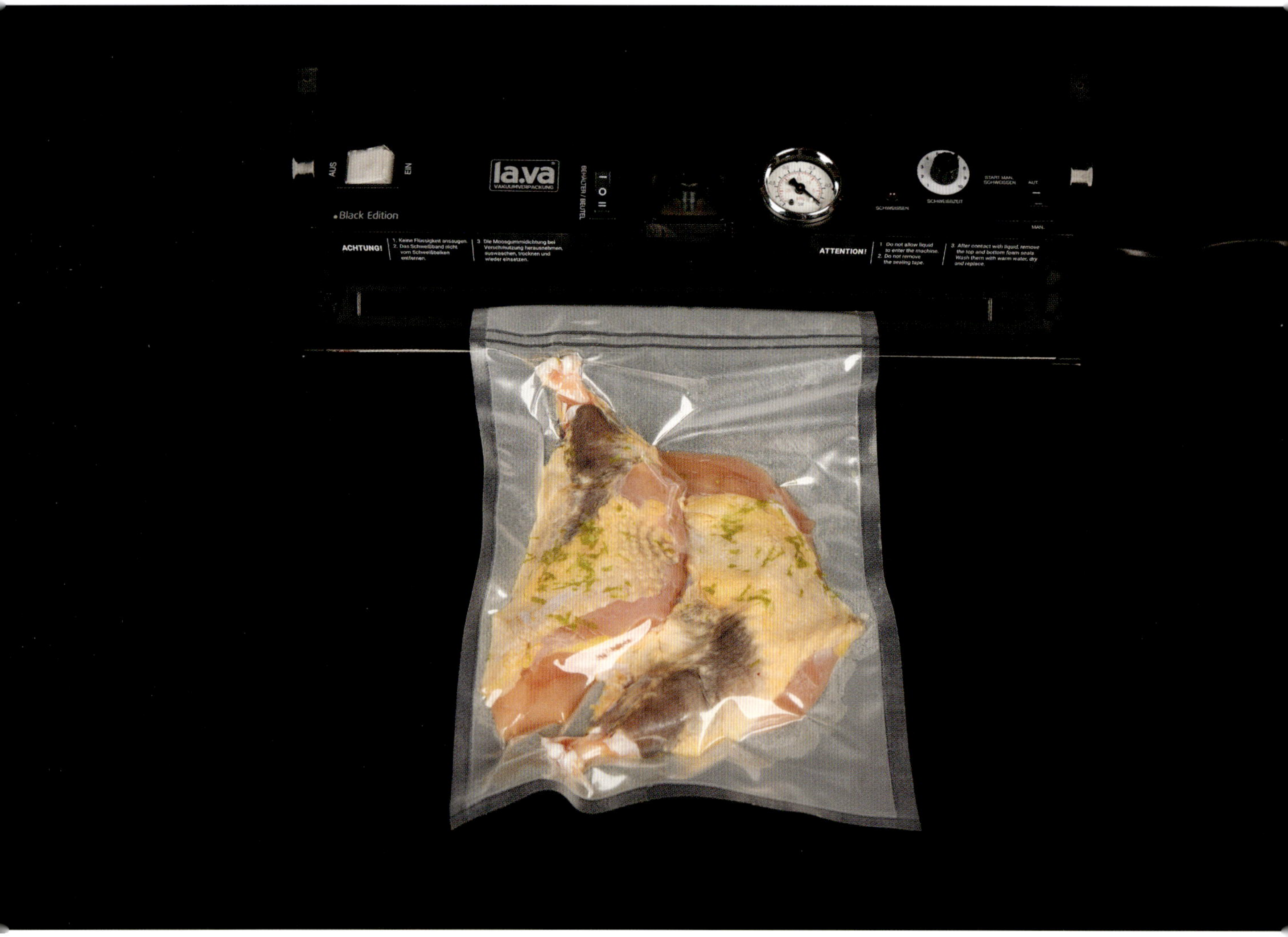

Wichtig ist aus meiner Sicht zudem ein passendes Vakuumiergerät, denn egal, ob ich das zerlegte Fleisch weiter reifen möchte, ob ich es lagern oder über längere Zeit einfrieren möchte – das Vakuumieren ist die absolut beste und sauberste Lösung. Darüber hinaus schütze ich mein Wildfleisch durch den totalen Luftentzug vor Frostbrand und damit vor deutlichem Geschmacksverlust. Wildfleisch kann vakuumiert zwölf Monate bei ununterbrochenen –18 Grad eingefroren werden. Der Vakuumierer bietet ferner die Möglichkeit, das Fleisch für den Garprozess Sous vide im Wasserbad passend vorzubereiten. Probieren Sie mal eine Frischling-Wildschweinnuss, leicht gesalzen mit etwas Thymian und Rosmarin, im Vakuum bei 60 Grad für circa drei Stunden im Wasserbad, und

dann im Anschluss direkt mit hoher Temperatur nachgegrillt, um Röstaromen zu erzeugen – mit etwas Fleur de Sel auf den geschnittenen Tranchen ist das ein Hochgenuss. Achtung: Vor dem Aufschneiden muss sich das Fleisch nach dem Hitzeschock entspannen, damit der Fleischsaft wieder in die einzelnen Fasern zurückläuft und das Fleisch seine Saftigkeit behält. Für diese Garmethode empfehle ich ein passendes Becken mit einem Sous-vide-Stick mit Ventilator, der das Wasser in Bewegung hält. Die Rehnuss aus der Keule würde ich im Übrigen ungefähr zwei Stunden bei 55 Grad sous vide vorgaren. Bei Wildgeflügel wie der Perlhuhn-Suprême sind 60 Grad ideal – leicht gesalzen mit etwas Zitronenabrieb im Vakuum bringt eine wunderbare Frische.

GROBZERLEGUNG REH

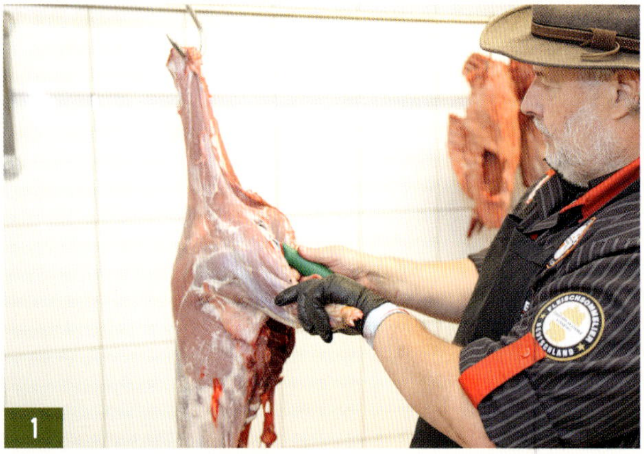

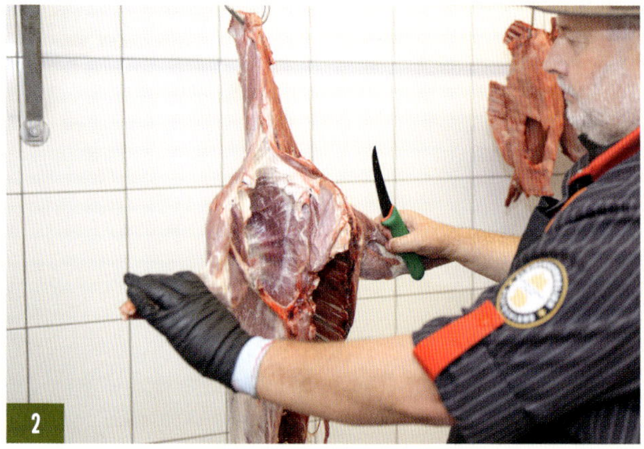

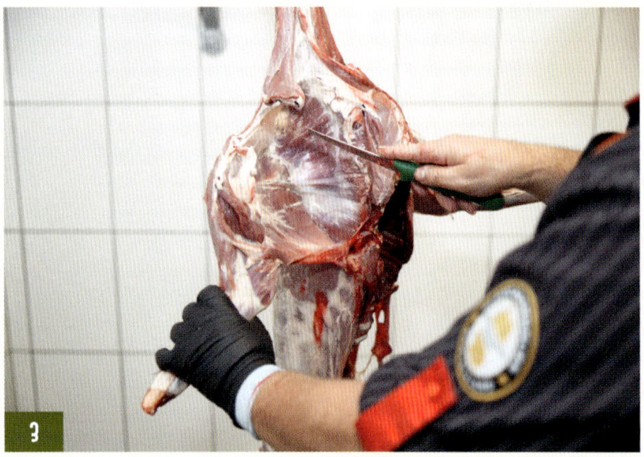

1 **Reh bereits abgezogen – Rehschulter für den ersten Schnitt über die Rippe zum Nacken vorbereiten**
2 **Vorbereitung, um das Schulterblatt abzuschneiden – am Hals hängend**
3 **Am Vorderlauf abziehend, das Vlies zwischen Nacken und Schulter schneidend**
4 **Unter dem Blattknochen mit halb rundem Schnitt vorbereiten zum Abtrennen**

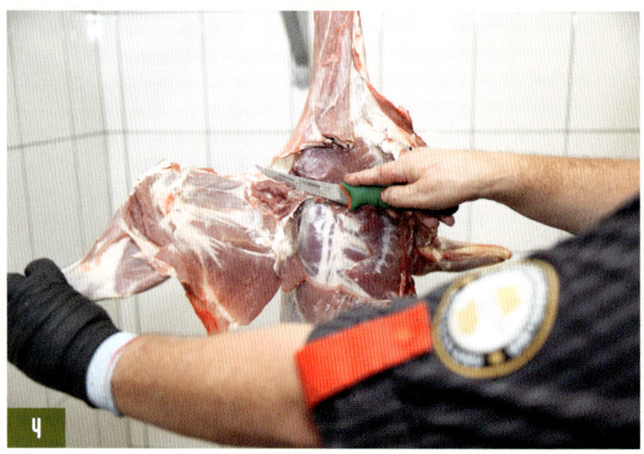

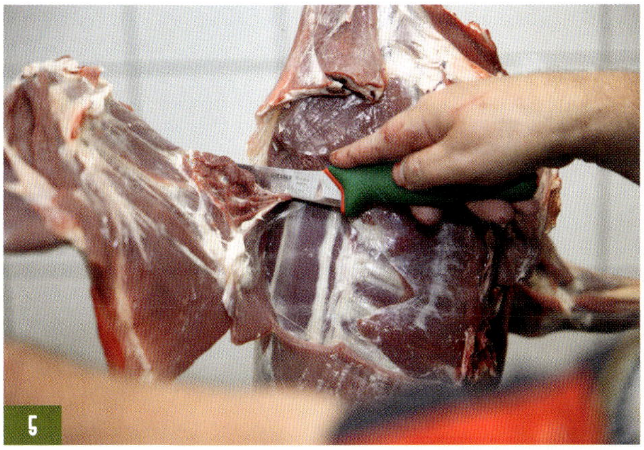

5

5 Unterhalb des Blattknochens mit dem Messer abtrennen
6 Dasselbe auf der anderen Seite, dann das Reh umhängen, an den Hinterläufen aufhängen
7/8 Rippen anzeichnen zum Trennen vom Rücken

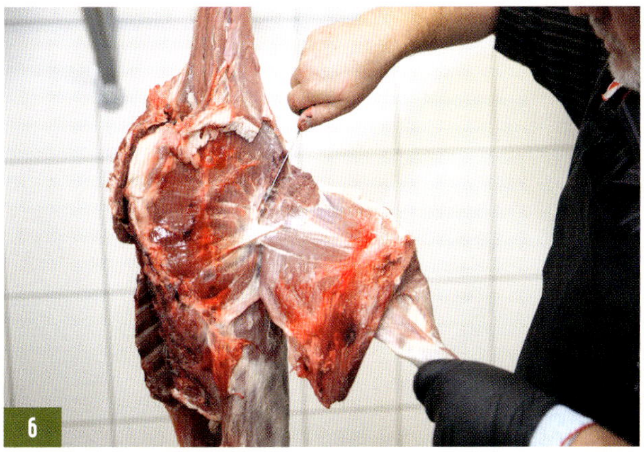

6

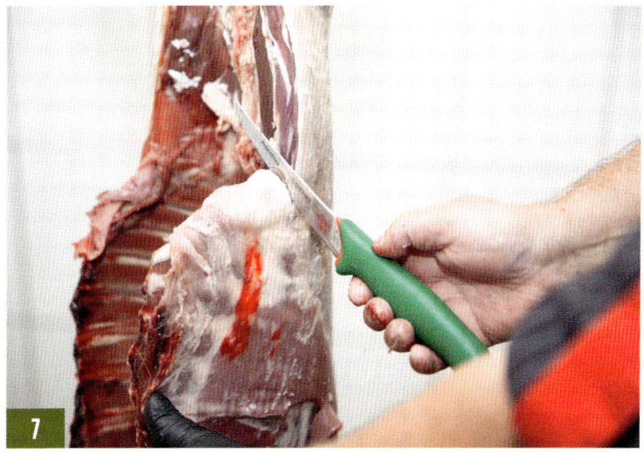

7

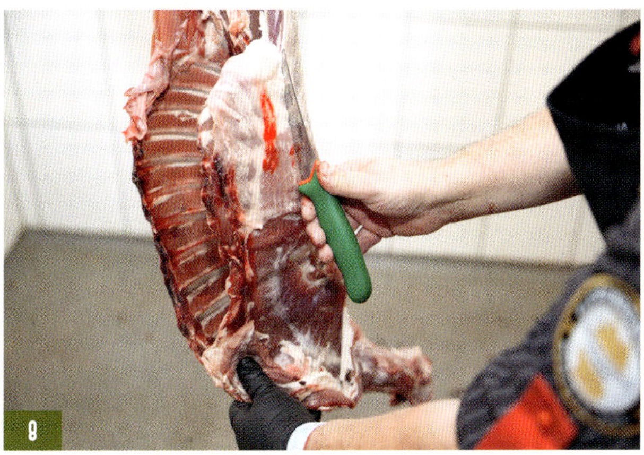

8

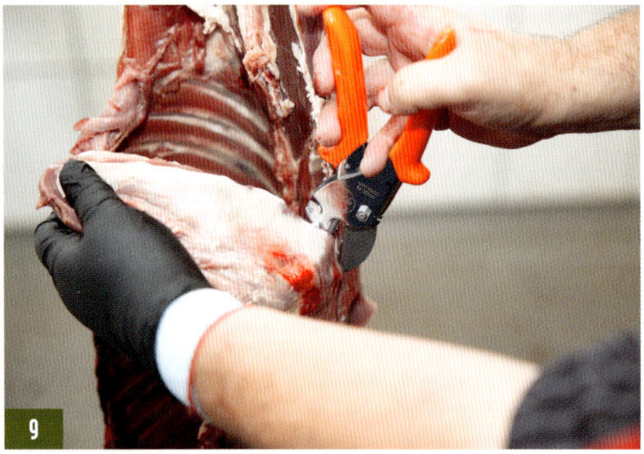

9

9 Mit der Löwenschere die Rippen schneiden
10 Auf der anderen Seite, auch passend vorbereiten, am Rücken vorbei
11 Auf der anderen Seite, passend am Rücken vorbei, vorschneiden
12 Auch hier die Rippen schneiden bis zur Höhe des Halsansatzes

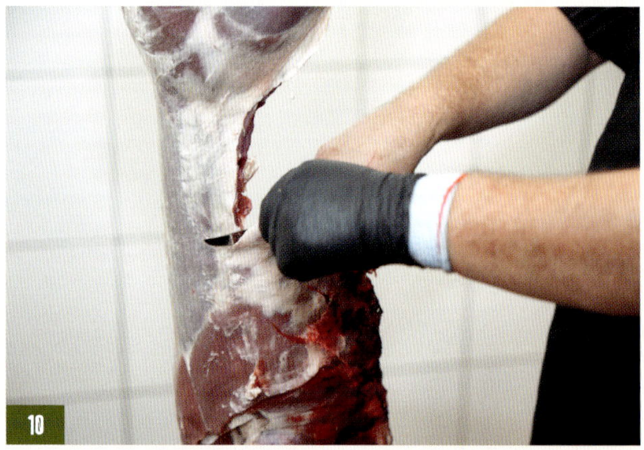

10

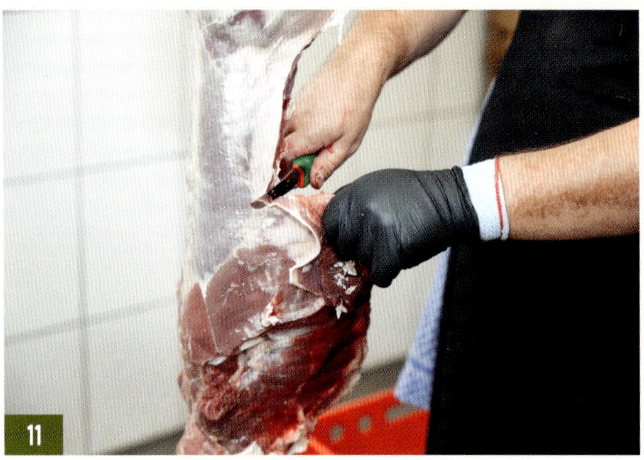

11

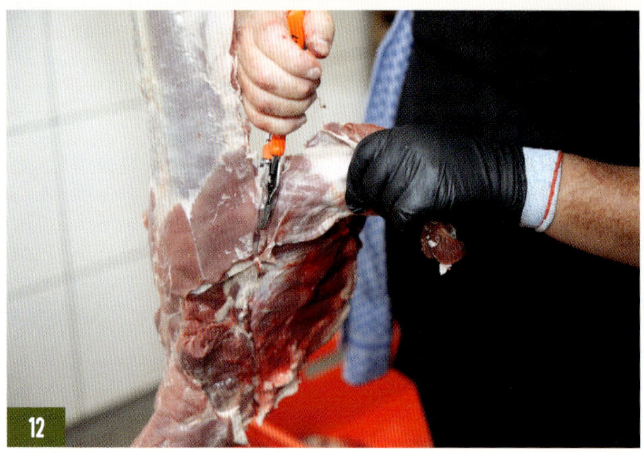

12

13 Falls das Schloss noch zu ist, mit der Löwenschere oder einem starren Messer öffnen
14 Das geschlossene Schloss mit der Ambossschere öffnen
15 Jetzt ist das Schloss geöffnet
16 Unterhalb des Hüftknochens mit dem Messer rund schneiden, um den Rücken abzutrennen

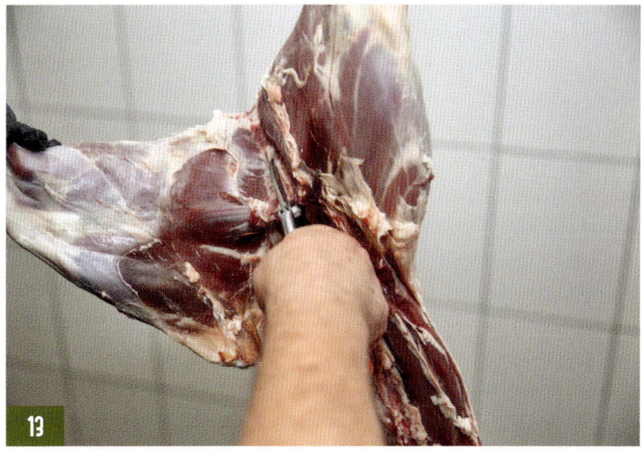

13

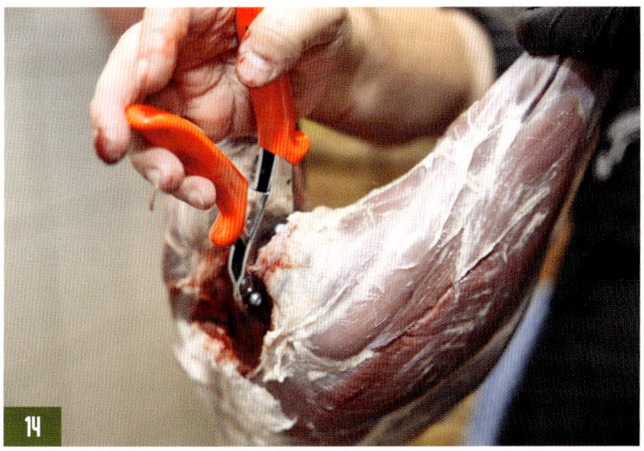

14

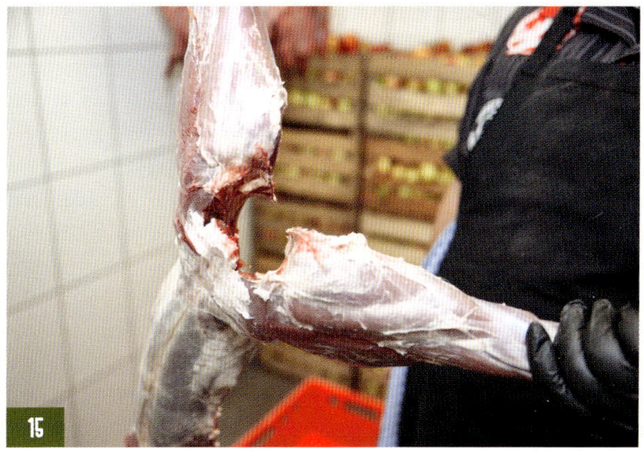

15

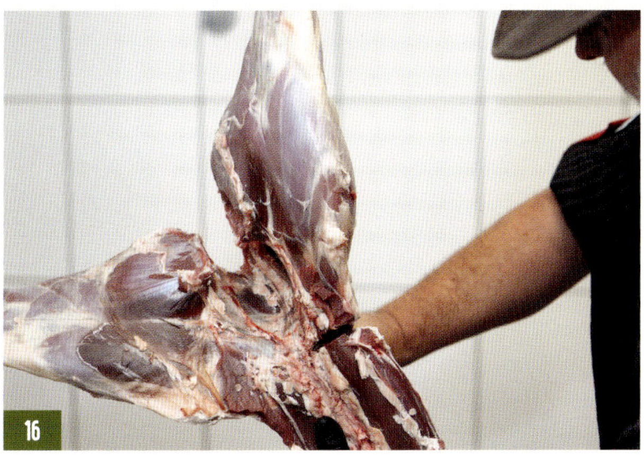

16

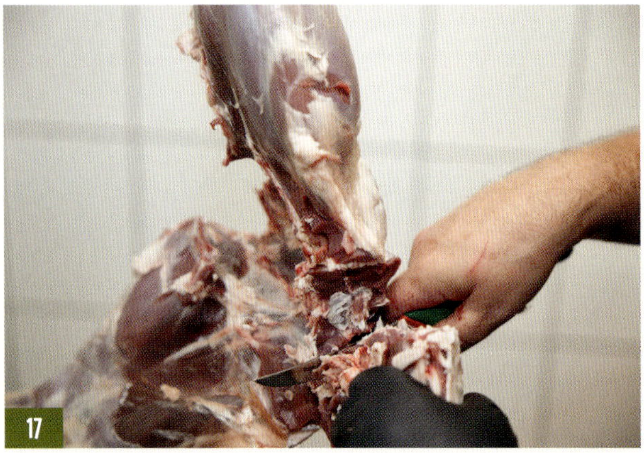

17 Hier kann man im Knorpel des Wirbelknochens schneiden und dann einfach abdrehen
18 Nun habe ich den Rücken mit dem Nacken in der Hand und trenne ihn an der fünften Rippe zum Rücken
19 Nacken getrennt vom Rücken
20 Um die Keulen zu trennen, am Schwanzknochen herunterschneiden

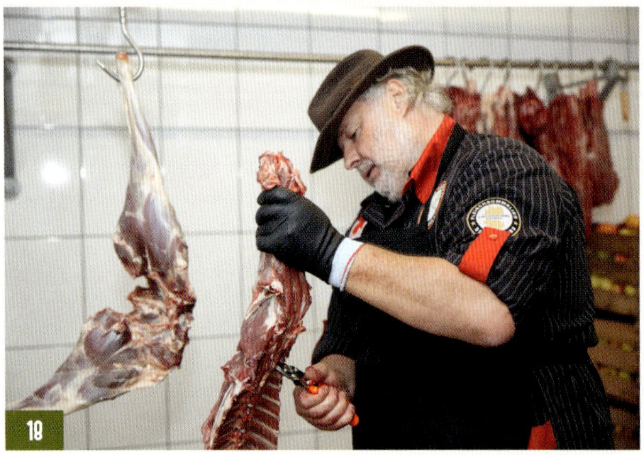

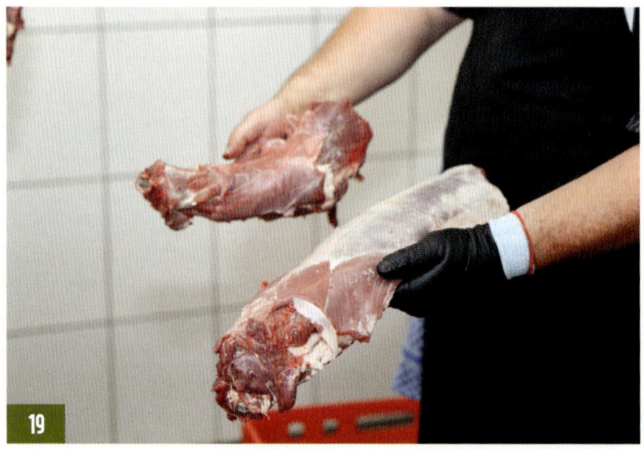

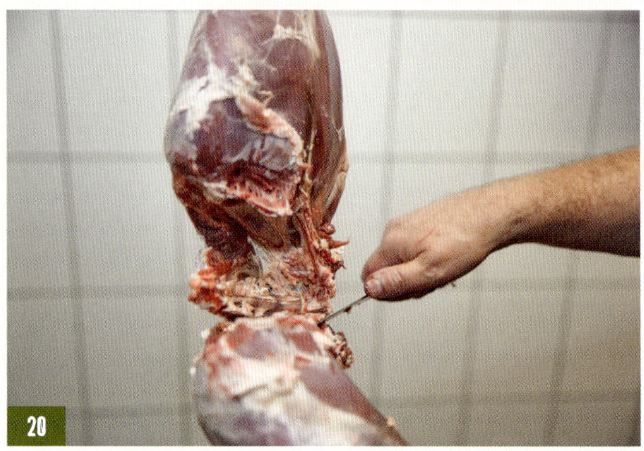

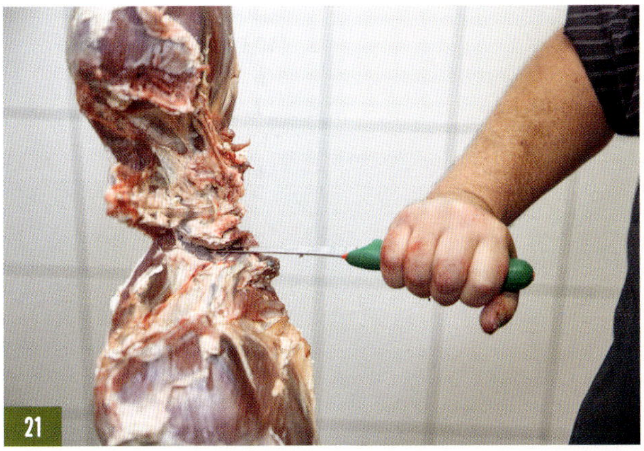

21 Auf dem Hüftknochen die Naht suchen und den Schwanzknochen abschneiden, dasselbe an der anderen Keule
22 V. l. n. r.: Schulter / oben ganzer Rücken / unten Keule, Rippe und Nacken

FEINZERLEGUNG REH

Rehnacken

1 Nackenfleisch vom Knochen schneiden und passend würfeln

2/3/4 Den Nackenknochen sauber parieren

5 Nackenfleisch für Gulasch, Hack oder Ragout vom Knochen gelöst
6/7 Nackenknochen mit der Ambossschere für den Soßen- oder Fondansatz zerkleinern

Rehkeule

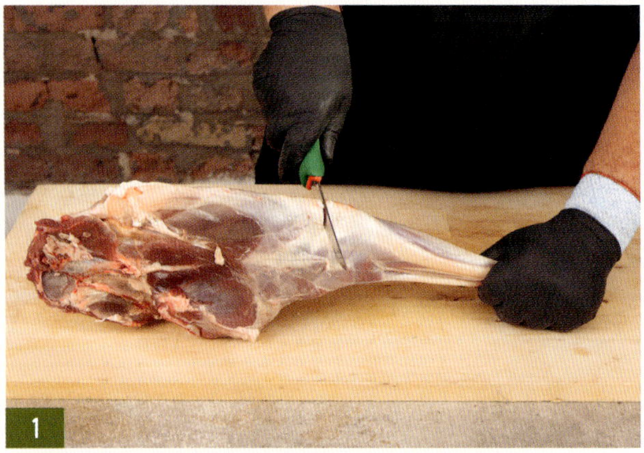

1

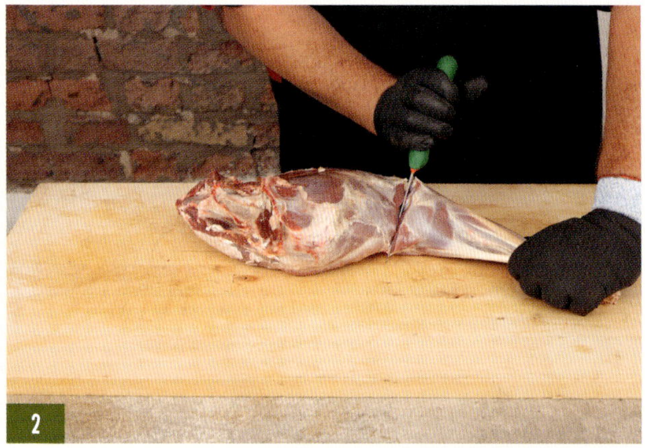

2

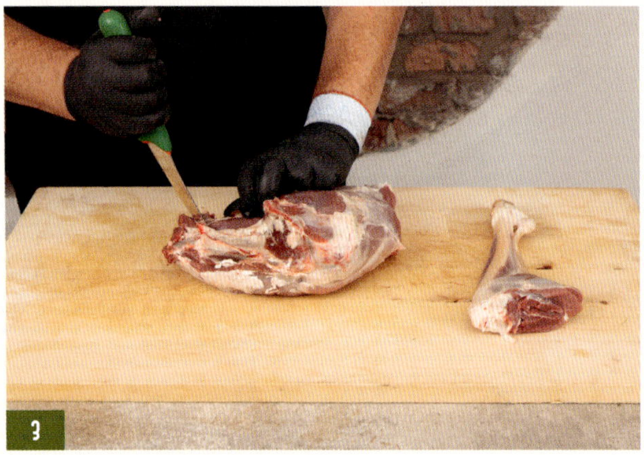

3

1 Rehhaxe am Wadenknochen zum Oberkeulenknochen im Gelenk trennen – mit Bewegen des Gelenkes kann man gut erkennen, wo man schneiden kann
2 Rehhaxe am Wadenknochen zum Oberkeulenknochen im Gelenk trennen
3 Nun wird der Hüftknochen ausgelöst
4 Mit dem halb flexiblen Giesser-Auslöser immer mit der Spitze nah am Knochen vorbei schneiden

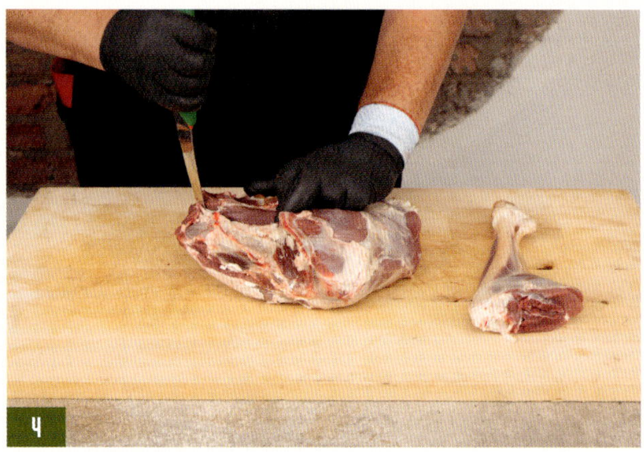

4

5 Nur mit der Spitze arbeitend immer am Knochen vorbei
6 Den Filetkopf aus der Hüfte entfernen
7 Anlösen des Hüftknochens zur Kugel hin
8 Mit der Messerspitze nach dem Trennen des Gelenks zum Oberschenkelknochen weiter den Knochen lösen

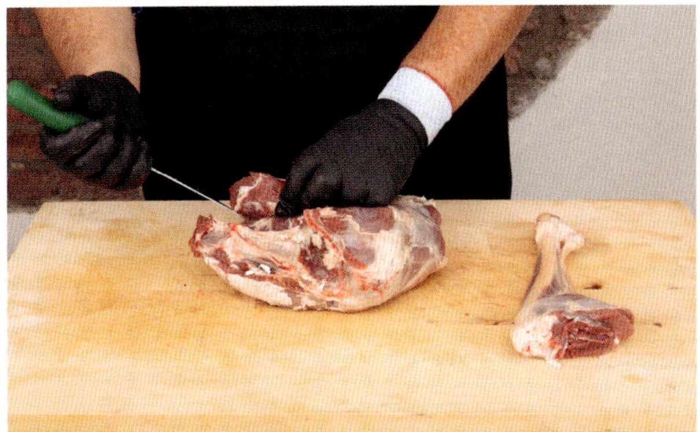
5

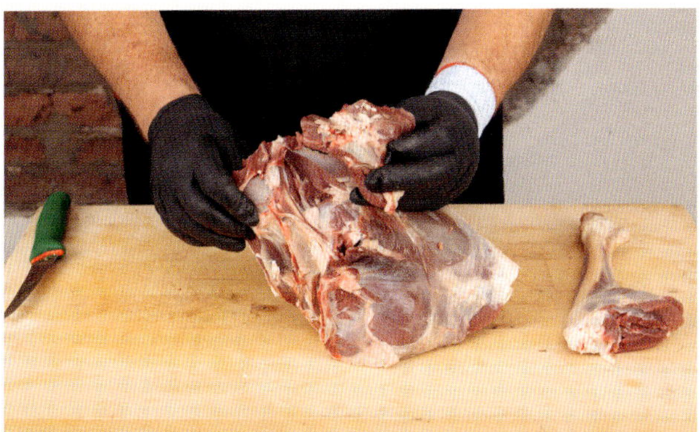
6

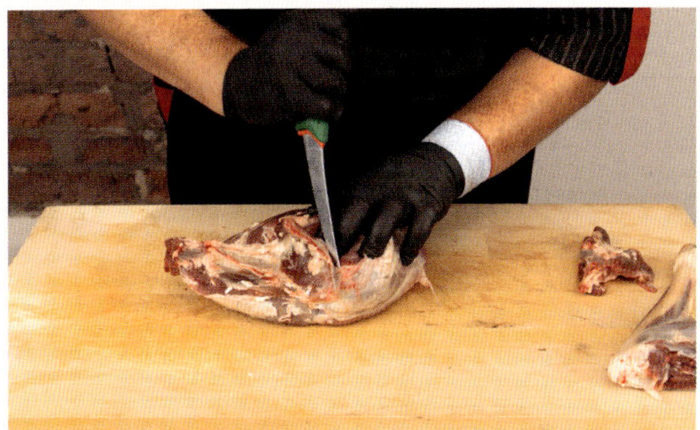
7

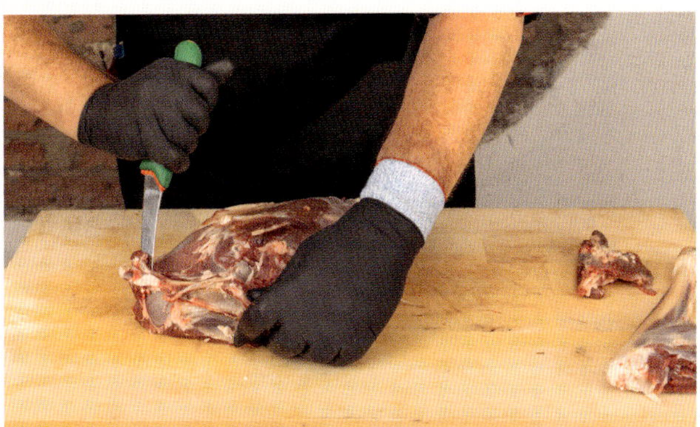
8

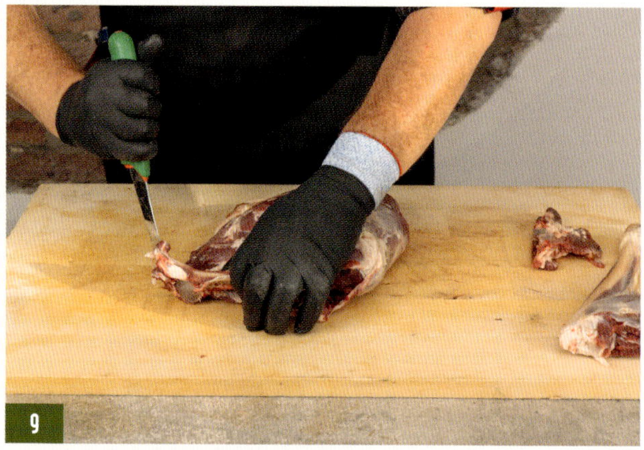
9

9 Immer mit der Messerspitze am Knochen bleiben
10 Den Knochen anheben und weiter lösen
11 Den Hüftknochen ganz abschneiden, auch den können wir gut für einen Fondansatz nutzen
12 Mit der Messerspitze von oben an der Kugel vorbei die Oberschale bis zum Röhrenknochen lösen

10

11

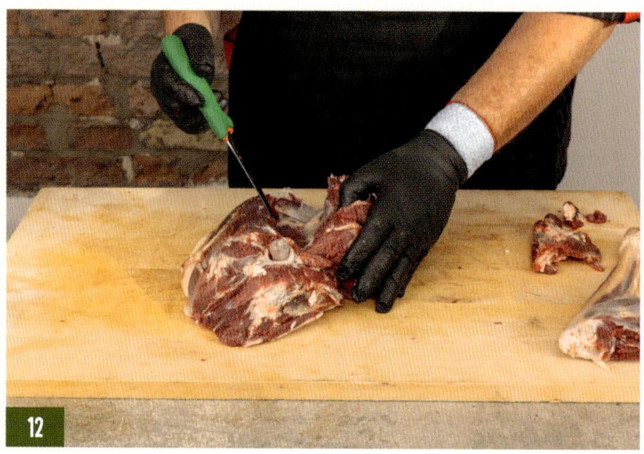
12

13 Im Vlies über die Unterschale und die Semerrolle abziehen und die Oberschale abschneiden
14 Die Semerrolle im Vlies von der Unterschale lösen
15 Mit der Messerspitze den Röhrenknochen rundherum lösen
16 Den Röhrenknochen anheben und komplett abschneiden

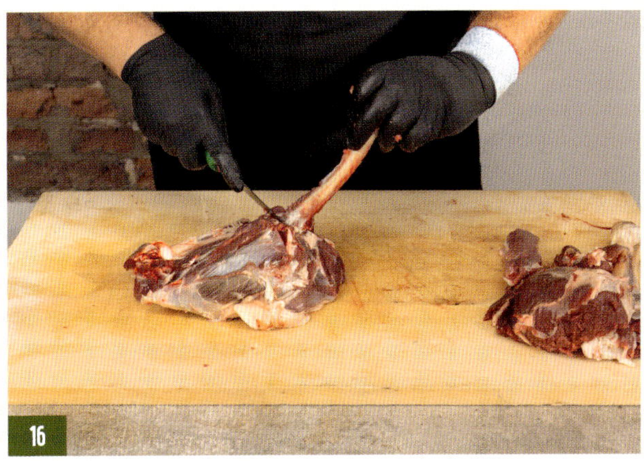

17 Die Faszie an der Kante sauber abschneiden
18 Die Kugel im Vlies mit der Hand nach oben ziehen und mit dem Messer lösen
19 Die Kugel im Vlies ziehen und mit dem Messer nacharbeiten
20 Nach dem Abschneiden der Kugel die Kniescheibe abschneiden

17

18

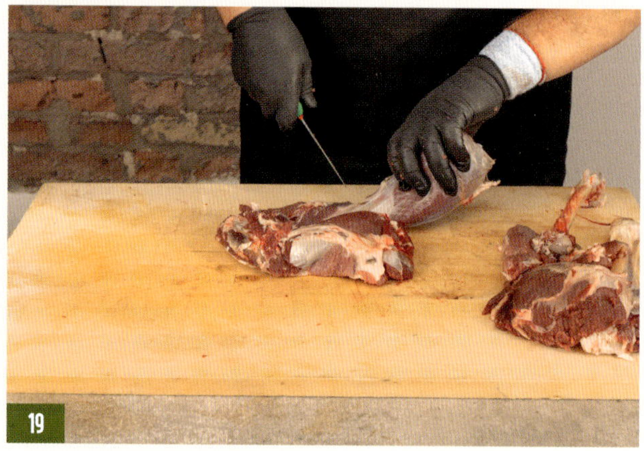

19

20

21 Die Unterschalenkante kurant schneiden
22 Jetzt die Unterschale mit einem geraden Schnitt von der Hüfte trennen

21

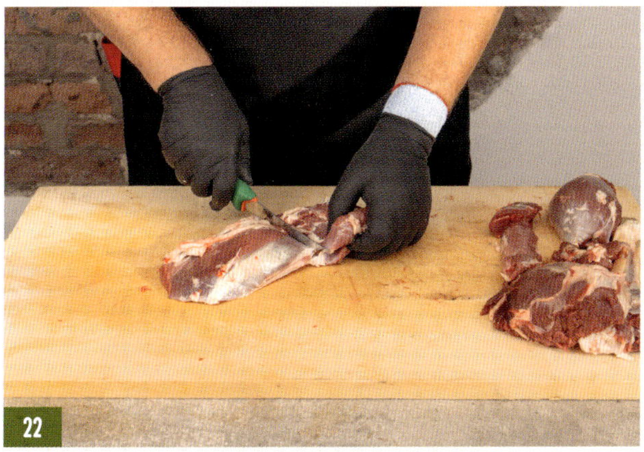

22

23 V. l. n. r.: Unterschale / Semerrolle / vorn Hüfte mit Tafelspitz und Bürgermeisterstück / hinten Kugel oder Nuss / Filetkopf ungeputzt / Wadenmuskel / Reh Hinterhaxe / Oberschale mit Deckel
24 V. l. n. r.: Unterschale / Semerrolle / vorn Hüfte / hinten Bürgermeisterstück / hinten Kugel-Filetkopf geputzt / Oberschale – alle diese Muskeln sind als Steakfleisch nutzbar und jetzt sauber pariert – ohne Sehne, Faszien und Häutchen

23

24

Rehrücken

1

2

3

1 Rehrücken mit der Messerspitze am Rückgrat vorbei lösen
2 Auch die andere Seite so zum Auslösen vorbereiten
3 Von innen die Rehfilets von den Blattfedern mit der Messerspitze lösen
4 Von den Rehfilets die anhängende Haut und die Kette lösen

4

5 Mit dem Auslöser nah am Knochen die Blattfedern freischneiden
6 Von den Rippen her wieder nah am Knochen mit der Messerspitze die Rücken lösen
7 Mit der Messerspitze vom Rückgrat her an den Knochen den Rehrücken lösen
8 Von der anderen Seite her genauso

5

6

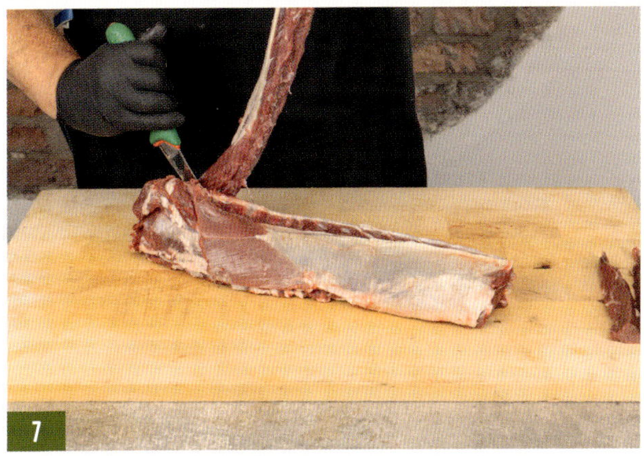

7

8

9

9 Beide gelösten Rehrücken mit dem Wirbelknochen

10 Zum Sauberparieren die anhaftende Kette vom Rehrücken lösen

11 Mit der Messerspitze unter die Silberhaut fahren, das Messer ganz durchschieben, mit der Klinge zur Haut, diese sauber ablösen

12 Ein Rücken pariert, der andere unpariert

10

11

12

Ein halbes Reh zerlegt

ZERLEGUNG WILDSCHWEIN

Wildschweinschulter

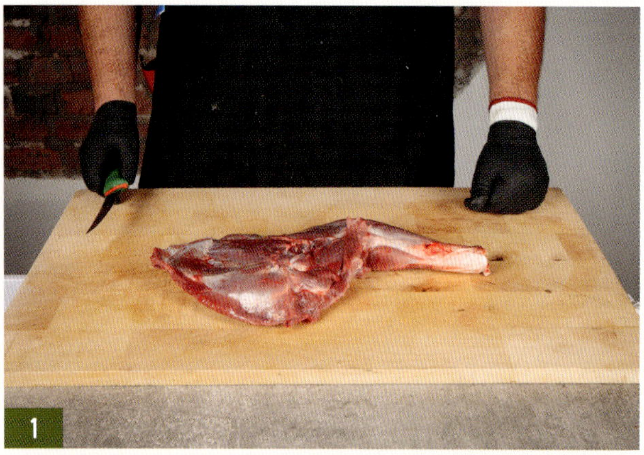
1

1 Frischlingsschulter ganz von Blutresten befreit
2 Schnitt in das Gelenk des Vorderlaufes zum Schulterknochen
3/4 Abtrennen des Vorderlaufes im Gelenk zum Schulterknochen

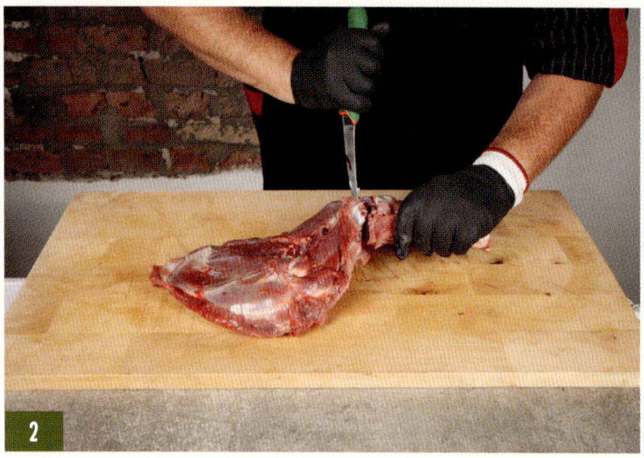
2

3

4

5 **Freilegen des Schulterknochens mit der Messerspitze**
6 **Weiteres Freilegen bis zum Gelenk des Blattknochens**
7 **Trennen des Gelenks am Blattknochen und das komplette Abschneiden des Röhrenknochens**
8 **Den Rest der Schulter mit dem Blattknochen als Schaufelbraten ganz gelassen**

5

6

7

8

Wildschweinkeule

1 Frischlingswildschweinkeule ohne Fußgelenk
2 Wildschweinhaxe am Wadenknochen zum Oberkeulenknochen im Gelenk trennen
3 Vorbereitung Oberkeulenknochen entfernen
4 Mit der Spitze den Oberkeulenknochen neben der Oberschale anlösen
5 Den Hüftknochen im Gelenk zum Oberkeulenknochen mit der Messerspitze trennen

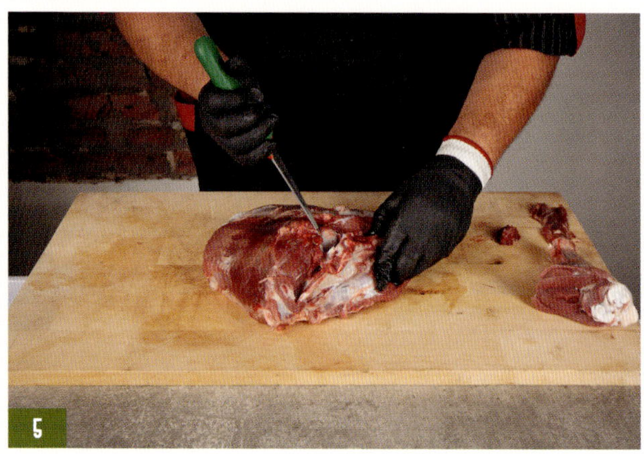

6

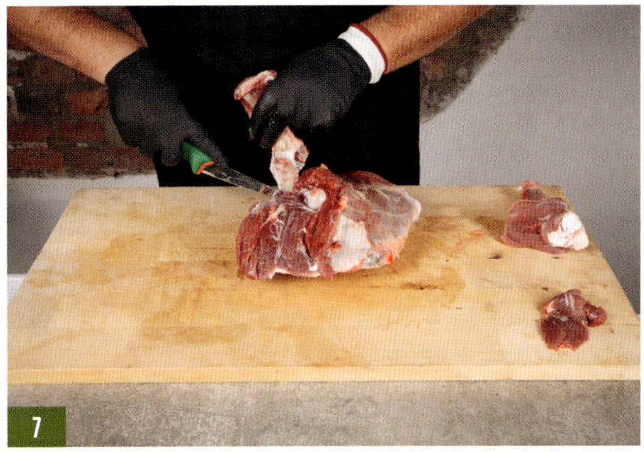

7

8

9

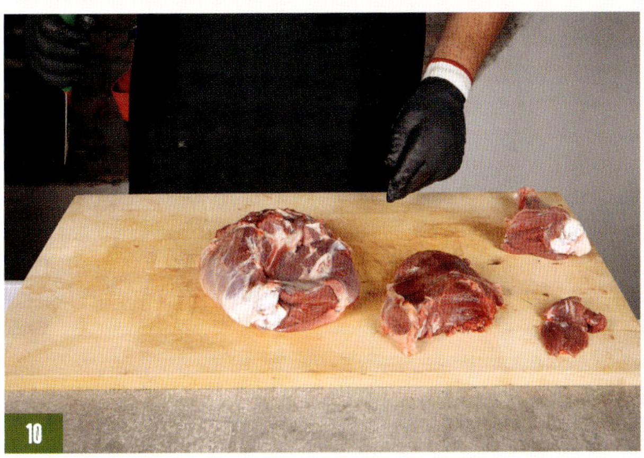

10

6 **Den Hüftknochen von der Hüfte trennen und anheben**
7 **Sauber am Knochen entlangschneiden und den Hüftknochen lösen**
8 **Zwischen Oberkeulenknochen und Oberschale in dem Vlies die Oberschale anschneiden**
9 **Die Oberschale in dem Vlies über dem Wadenmuskel und der Unterschale abschneiden**

11

12

13

11 Den Oberkeulen-, auch Röhrenknochen genannt, auslösen, indem man mit der Messerspitze nah am Knochen vorbeischneidet
12 Auch vom Kugelgelenk zum Hüftknochen hin sauber am Knochen vorbeischneiden, immer mit der Messerspitze arbeitend
13/14 Den Knochen vom Fußgelenk her nach dem Lösen anheben und komplett auslösen

14

15 Die Kugel oder Nuss im Vlies zur Hüfte hin trennen
16 Die Kugel auf dem Vlies vorsichtig herausziehen und nachschneiden
17 Die Kugel dann mit einem sauberen Schnitt abtrennen
18 Jetzt noch die Kniescheibe im Kugelmuskel abschneiden
19 Die Hüfte mit Tafelspitz und Bürgermeisterstück von der Unterschale trennen

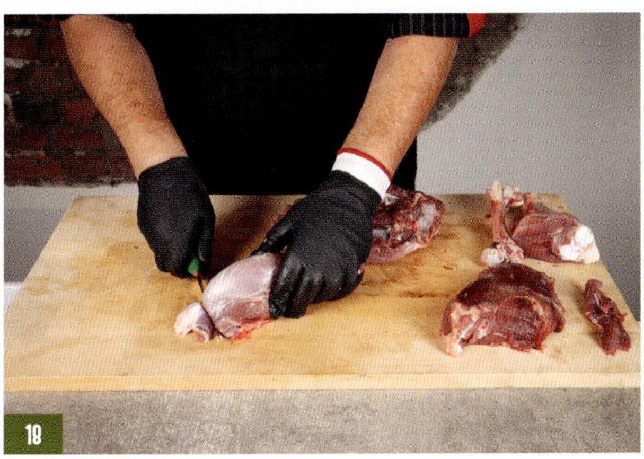

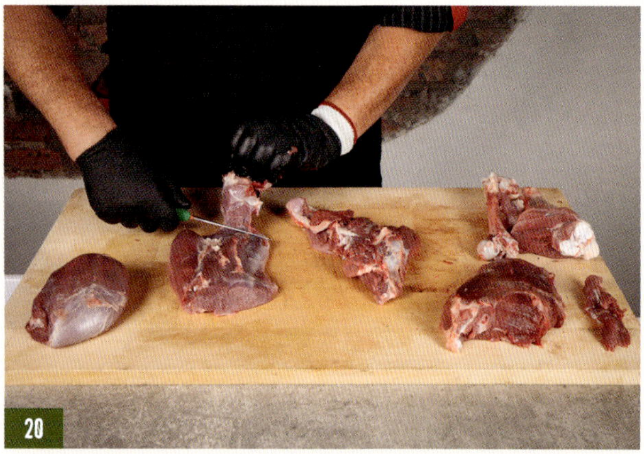
20

20 Den Wadenmuskel von der Unterschale abtrennen
21 Die Semerrolle von der Unterschale im Vlies lösen
22 Die Semerrolle von der Unterschale trennen
23 Das Bürgermeisterstück von der Hüfte lösen
24 Alle Keulenmuskeln sauber pariert, das heißt von Oberflächenfaszien und Silberhäuten befreit. V. l. n. r.: Unterschale / Semerrolle / Hüfte mit Tafelspitz / Bürgermeisterstück / Kugel hinten und vorn die Oberschale

21

22

23

24

Wildschweinnacken

1

2

3

1 Mit dem Auslöser von beiden Seiten am Rückgrat vorlösen
2 Immer mit der Messerspitze nah am Knochen vorbeischneiden und rundherum lösen
3 Nackenknochen mit den ausgelösten Frischlingsnacken

Wildschweinrücken

Beim Wildschwein haben wir die ersten vier von den acht Rippen zur Hüfte hin lang gelassen, damit wir davon doppelte Tomahawk-Koteletts schneiden können. Das Rückenteil mit den Blattfedern nehmen wir für Steaks, die Filets haben wir bereits herausgetrennt.

1 Wir trennen das Blattfederstück von den Rückenteilen mit Rippen, indem wir einmal den Rücken rundschneiden
2 Rundschnitt mit dem Messer am Rücken entlang
3 Trennen mit dem Messer im Knorpel-Wirbel-Gelenk
4 Von hinten mit der Knochensäge im Rückgrat durchsägen

5

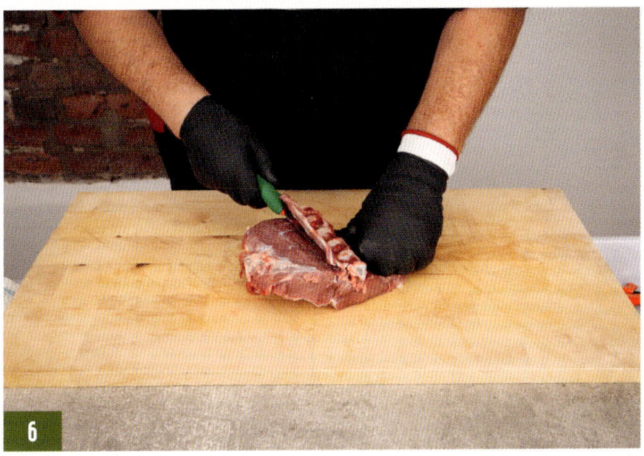

6

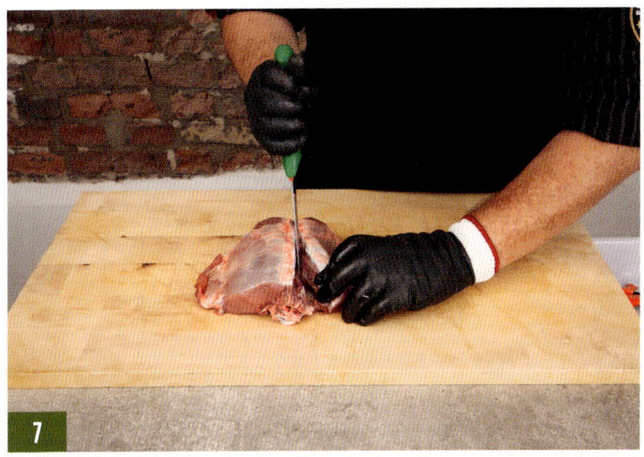

7

5 Die Blattfedern mit dem Auslöser knapp am Knochen vorbei zum Rückgrat her lösen
6 Mit der Messerspitze von beiden Seiten her lösen
7 Das Rückenteil umdrehen und nah am Rückgrat bis zum Knochen schneiden
8 Mit der Messerspitze an den Rundungen der Wirbelknochen das Wildschwein-Rückensteak lösen

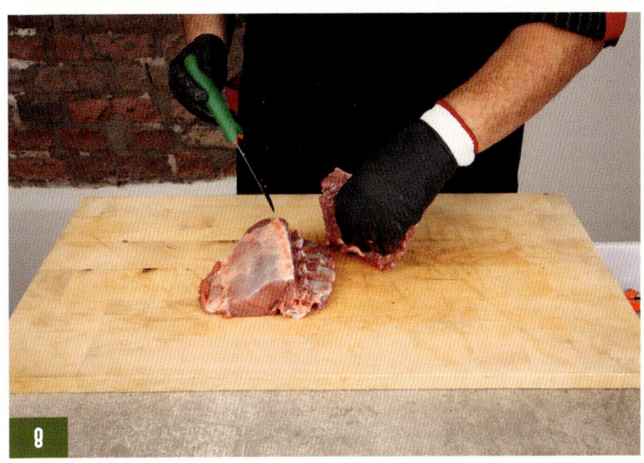

8

9

10

11

9 Dasselbe auf der anderen Seite, auch hier das Rückensteak von den Knochen lösen
10 Rückgrat mit den beiden Rückensteaks
11 Mit der Messerspitze die Silberhaut des Rückens abziehen, indem man immer Richtung Sehne schneidet, die anhängende Kette ist im Vorfeld abgeschnitten
12 Das andere Steak wird genauso pariert

12

13

13 **Die zugeschnittenen, parierten Wildschweinsteaks aus dem Rücken**
14 **Um die langen Rippen freizuschneiden, mit dem Messer den sogenannten Lappenteil anschneiden**
15 **Dann über die Rippen dieses Fleisch abschneiden**
16 **Sauber nachparieren**

14

15

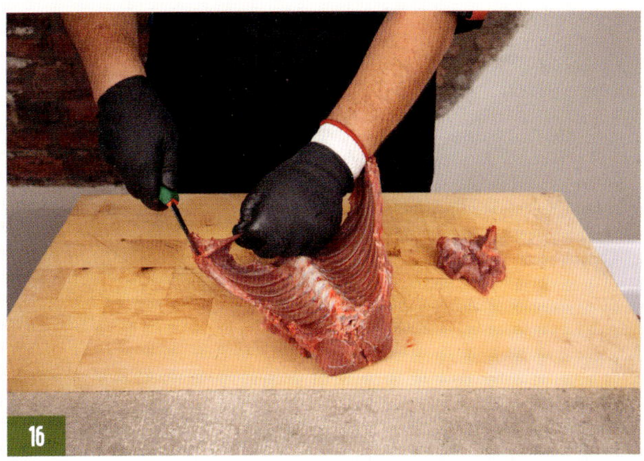

16

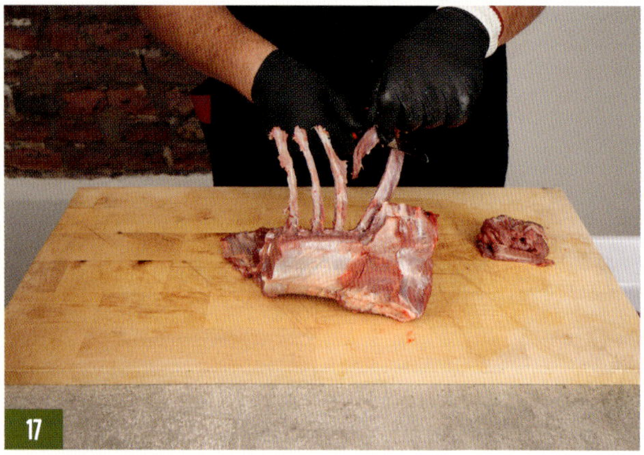

17

17 Jetzt das Fleisch zwischen den Rippen mit dem Messer entfernen
18 Um die Rippen fleischfrei zu bekommen, mit einem Stahlschwamm nachputzen
19 Der Rücken ist jetzt für Kotelett und Tomahawk (Langes-Rippen-Kotelett) vorbereitet, das Rippenfleisch kann verarbeitet werden
20 Das Rückenstück mit den langen Rippen von den kurzen trennen, im Fleisch vorschneiden

18

19

20

21 Das Rückenstück mit den langen Rippen von den kurzen trennen, im Fleisch vorschneiden

22 Die einzelnen doppelten Tomahawks mit dem Messer vorschneiden

23 Ohne Knochensäge kann man jetzt mit der hygienisch einwandfrei sauberen Fiskars-Astschere die einzelnen Koteletts abschneiden

24 Die Doppel-Tomahawks und das restliche Rückenstück

Wildschweinrippen

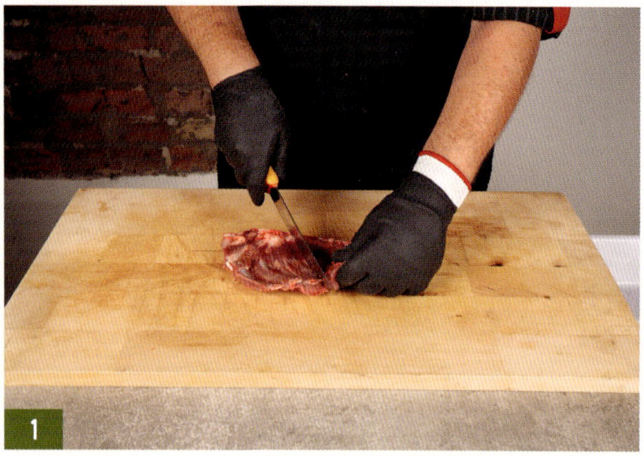

1/2 Wildschweinrippen mit dem Messer vorschneiden
3 Am Knochen und dem Knorpelstück mit der Ambossschere trennen

4/5 **Am Knochen und dem Knorpelstück mit der Ambossschere trennen**
6 **Getrennte Rippenstücke vom Wildschwein**

Wildschweinbauch

1 Wildschweinbauch vorbereiten zum Auslösen
2 An den Rippen vorbeischneiden und das Fleisch lösen
3 Die Knorpelschicht vom Brustbein abschneiden
4 Den Bauch parieren und die dicke Sehne abschneiden

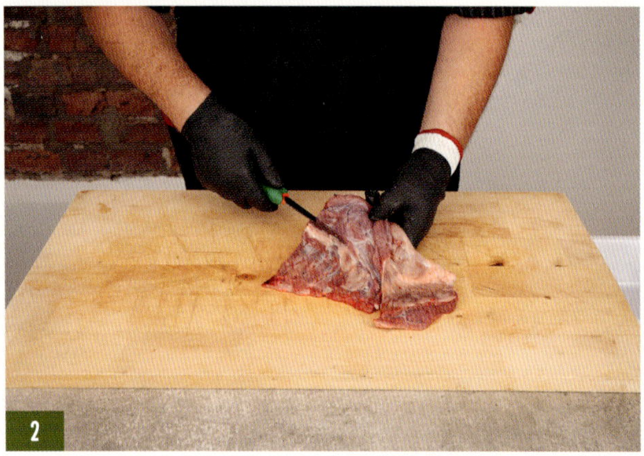

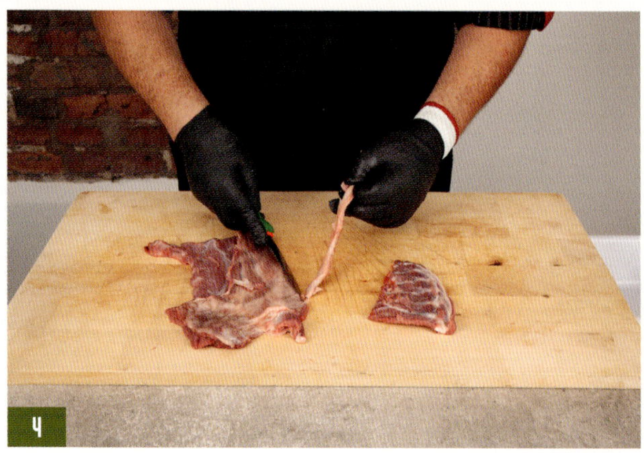

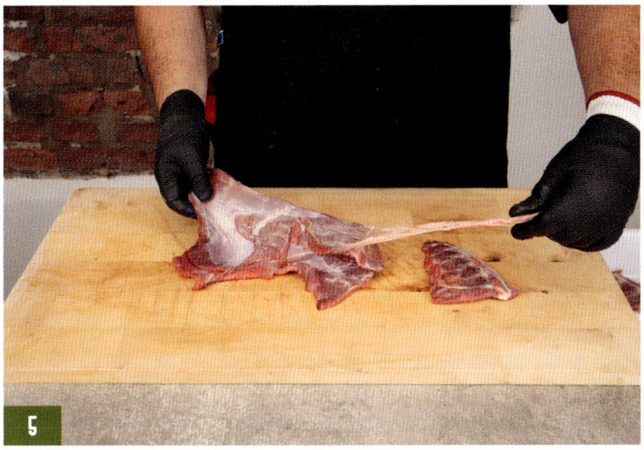

5 **Die große Silberhaut abziehen**
6 **Die zwei ausgelösten Bauchteile vom Frischling**
7 **Die Bauchteile können gut verarbeitet werden zu Hack, Ragout, Braten oder Bratwurst**

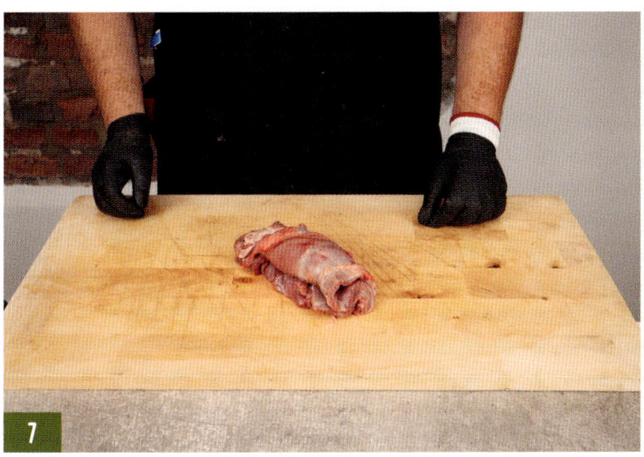

Wildschweinfilet

1

1 Die ungeputzten Filets
2 Mit Daumen und Zeigefinger die anheftende Kette abziehen und mit dem Messer nachparieren
3 Die Silberhaut von dem Filet ziehen
4 Sauber pariert kann das Filet kurz gebraten werden

2

3

4

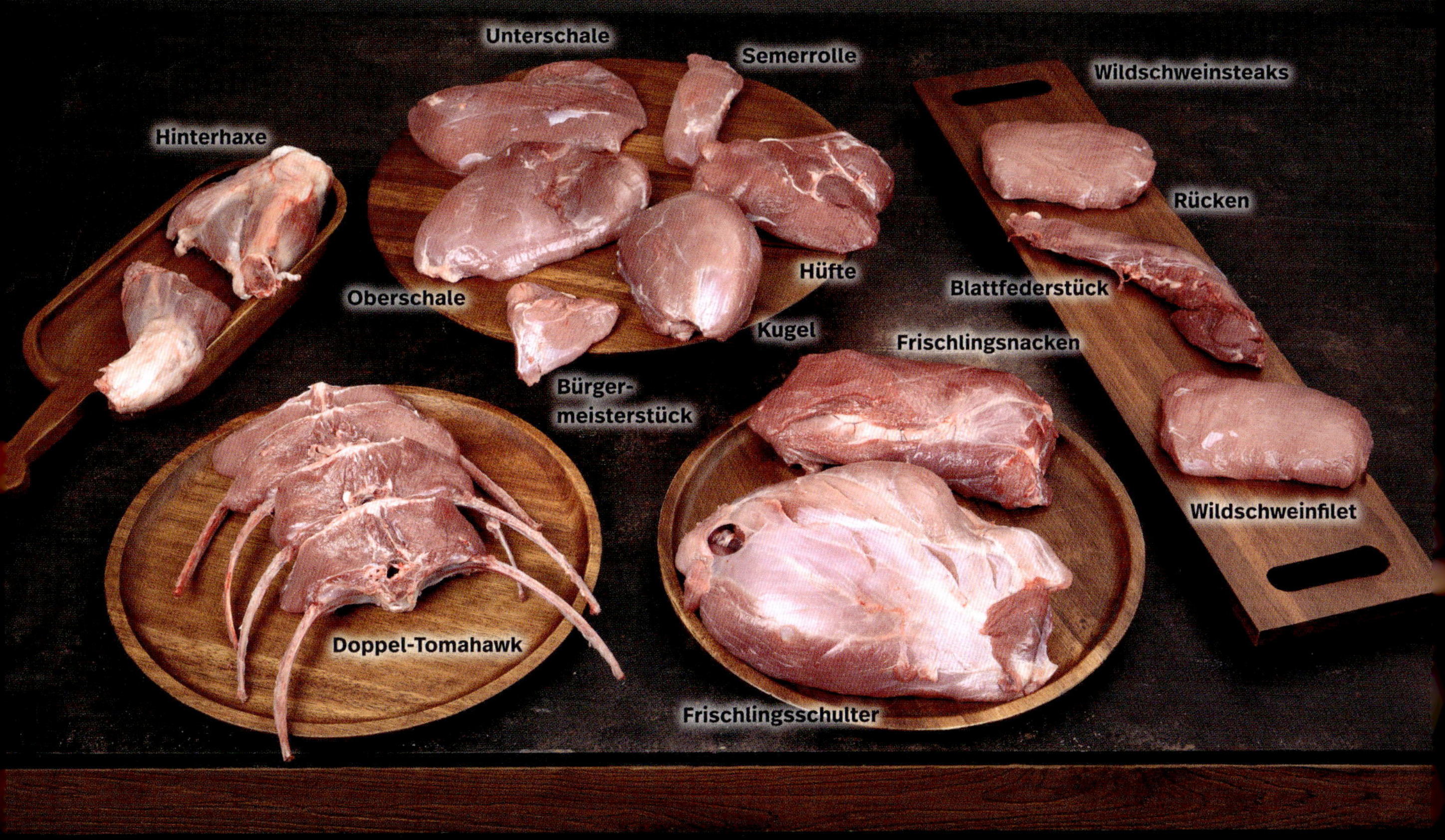

Wildschweinteile vom Frischling – komplett pariert

ZERLEGUNG PERLHUHN

1

HINWEIS

Da dies im sogenannten Suprêmeschnitt zerlegt wird, bei dem die Brusthälfte mit Haut und Oberflügel zusammenbleibt, unterscheidet sich die Zerlegung etwas von der klassischen Schnittführung. Jedes Wildgeflügel kann so zerlegt werden, wenn man es nicht im Ganzen zubereiten möchte.

2

1 Ein ganzes Perlhuhn und passendes Werkzeug
2 Anschnitt des Mittelflügels mit der Flügelspitze vom Oberflügel
3 Trennung im Gelenk zum Oberflügel

3

4 Die andere Seite identisch – Trennen des Oberflügelgelenks zum Mittelflügel mit Freiputzen des Oberflügelknochens
5 Klassischer Keulenschnitt bei der Trennung von der Brust im Oberkeulengelenk
6 Lösen der Keule von der Rückenseite aus
7 Durch Hochdrücken der Keule den Oberkeulengelenkknochen freilegen
8 Abtrennen der Keule mit sauberem Gelenkschnitt

4

5

6

7

8

9

9 Dasselbe auf der anderen Seite – Abtrennen der ganzen Keule
10 Nach dem Abtrennen der Keulen und der Flügel
11 Schnitt am Brustbein vorbei, um eine Brusthälfte zu lösen
12 Mit der Messerspitze sauber am sogenannten Ypsilon-Knochen, dem Gabelbein, weiterschneiden

10

11

12

13 Trennung der Brust mit dem Oberkeulenknochen im Schultergelenk
14 Freigelegte und abgeschnittenes Suprême der einen Hälfte
15 Nach dem Abtrennen der anderen Suprême, also Brusthälfte, von der Karkasse
16 Auslösen der Keulen, mit dem Messer nah am Oberkeulenknochen vorbei

17

17 Auslösen der Keulen, mit dem Messer nah am Oberkeulenknochen vorbei
18 Weiteres Freilegen des Unterkeulenknochens
19 Weiterhin sauberes Freischneiden auch auf der anderen Seite
20 Vorbereitet zum kompletten Auslösen, beide Knochen sind freigelegt

18

19

20

21 Mit dem Messer die Sehnen unter dem Fußgelenk trennen

22 Knochen weiter freischneiden

23 Wenn der Knochen komplett gelöst ist, diesen entnehmen, wird mit der Karkasse und den Flügeln verarbeitet

24 Beide Keulen sauber ausgelöst, perfekt zum Grillen oder Kurzbraten

21

22

23

24

ZERLEGUNG KANINCHEN

1

2

3

1 Ein ganzes abgebalgtes Kaninchen
2 Eröffnen des Brustbeins mit dem Messer
3 Schnitt im Halsgelenk zum Abtrennen des Kopfes
4 Vom Rest des Kaninchens getrennter Kopf
5 Heraustrennen der Leber aus dem Bauchraum

4

5

6

7

8

6 Entnahme der Nieren von den Filets
7 Abtrennen der Schultern
8 Endschnitt der Schultertrennung unter dem Blattknochen zum Nacken
9 Keulen abtrennen unterhalb der Hüftknochen zum Rücken

9

10 Schnitt vom Rücken her
11 Endschnitt der Keulenabtrennung vom Rücken
12 Kaninchenkeulen getrennt am Schwanzknochen vorbeigeschnitten
13 Kaninchenrücken mit Nacken zum Zerlegen vorbereiten – Bauch und Rippenfleisch bleiben mit dran

14 Anlösen der Kaninchenfilets
15 Ablösen der Kaninchenfilets
16 Vorbereiten zum Auslösen mit einem Schnitt am Rückgrat entlang
17 Rückenschnitt von beiden Seiten ausgeführt

18

18 Ablösen des kompletten Rückens mit dem Bauchanhang
19 Kaninchenrücken komplett ausgelöst mit allen anderen Teilen

19

ZERLEGUNG TAUBE

1 Taube auf dem Schneidebrett
2 Vorlösen der Keulen im Gelenk
3 Taube mit vorgelösten Keulen
4 Vorlösen der Flügel

5

5 Abschneiden der Flügel im Schultergelenk
6 Taube mit vorgelösten Keulen und abgetrennten Flügeln
7 Vorschneiden der Brust am Brustbein vorbei mit der Messerspitze
8 Abtrennen der Taubenbrust von der Karkasse

6

7

8

9 Abgelöste Taubenbrust mit der übrigen Taube

10 Beide gelösten Taubenbrüste mit der Karkasse und den angelösten Keulen für eine Taubenconsommé, dazu können auch die Flügel genutzt werden

Gulasch mit Zimt und Fladenbrot

Das würzige Fleisch der Wildschweinschulter schreit nach Ungewöhnlichem. Warum also nicht geschmacklich in die arabische Welt eintauchen?

Gulasch 1,2 kg Wildschweinschulter, in Würfel geschnitten ▪ 75 g Butterschmalz ▪ 500 g Perlzwiebeln, geschält ▪ 150 g Sellerie, in Würfel geschnitten ▪ 150 g Petersilienwurzel, in Würfel geschnitten ▪ je 1 gelbe, rote und orange Fingerkarotte mit Grün, im Ganzen geschält und so oben abgeschnitten, dass noch ein bisschen Grün verbleibt ▪ je 1 gelbe und rote Paprika, in Rauten geschnitten ▪ 1 EL Tomatenmark ▪ etwas Weizenmehl ▪ 250 ml Rotwein ▪ 500 ml Wildfond ▪ 1 frisches Lorbeerblatt, in feine Streifen geschnitten ▪ P&S Wacholderbeeren ▪ P&S Piment ▪ P&S Ceylon Stangenzimt ▪ Salz und Pfeffer
Fladenbrot 450 g Weizenmehl Type 550 ▪ 50 g Maismehl ▪ 12 g Salz ▪ 20 g frische Hefe (oder 1 Pkt. Trockenhefe) ▪ 375 ml lauwarmes Wasser ▪ 50–60 ml Olivenöl ▪ 1 Eidotter ▪ etwas weißer und schwarzer Sesam

▸ Das Butterschmalz in einem Topf schmelzen lassen. Die Fleischwürfel von allen Seiten anbraten, mit Salz und Pfeffer würzen, herausnehmen und zur Seite stellen.

▸ Die Perlzwiebeln, den Sellerie, die Petersilienwurzel mit den Karotten in einem Bräter bei mittlerer Hitze anbraten, sodass sie eine leichte Bräunung bekommen.

▸ Die Paprika und das Tomatenmark dazugeben und alles miteinander verrühren, anschließend mit Salz und Pfeffer würzen. Mit etwas Mehl bestäuben, das angebratene Fleisch zugeben, die Hitze reduzieren und alles zusammen mit dem Rotwein ablöschen. Dabei den Bratensatz vom Bräterboden lösen und mit Wildfond angießen, aber nur so viel Brühe dazugeben, dass das Fleisch knapp bedeckt ist. Ca. 40 Minuten abgedeckt bei 160 °C im Ofen schmoren lassen.

▸ Den Schaum, der an der Oberfläche des Schmorfonds entsteht, regelmäßig mit einer Schaumkelle abschöpfen. Achten Sie auf den Biss des Gemüses und holen Sie es rechtzeitig aus dem Bräter heraus und stellen Sie es zur Seite.

▸ Nun das Lorbeerblatt und die weiteren Gewürze mörsern und zur Soße geben – weitere 20 Minuten schmoren lassen. Wenn das Fleisch zart ist, die Soße noch einmal abschmecken und das Gemüse wieder zurück zur Soße geben.

▸ Für das Fladenbrot beide Mehle zusammen mit dem Salz in einer Küchenmaschine mit dem Knethaken mischen.

▸ Die Hefe in dem lauwarmen Wasser auflösen und anschließend zu den Mehlen in die Küchenmaschine geben. Olivenöl dazugeben und auf kleinster Stufe gute 5 Minuten kneten lassen.

▸ Den Teig abgedeckt gute 75 Minuten gehen lassen. Er sollte sich mehr als verdoppeln.

▸ Den Teig vorsichtig aus der Schüssel nehmen und 6 gleichmäßig große Teiglinge abschneiden und, ohne viel zu kneten, in eine runde Form geben. Anschließend alle Teiglinge auf ein geöltes Blech legen und weitere 20 Minuten gehen lassen.

▸ Den Ofen auf 250 °C Ober-/Unterhitze vorheizen.

▸ Das Eidotter mit etwas Wasser vermischen, die Teiglinge damit bestreichen und anschließend mit Sesam bestreuen.

▸ Die Fladenbrote ca. 7 Minuten bei 250 °C im Ofen backen.

Wildschweinnacken am Spieß gegrillt

Rhodos 2022, eine kleine Taverne mit weißen Stühlen am Straßenrand. Es duftet nach gegrilltem Fleisch. Die Neugier siegt. Ich finde mich am Tresen dieses kleinen Restaurants wieder und schaue saftigen Fleischstücken am Spieß zu, wie sie langsam gar werden. Nicht, dass ich so etwas noch nie gesehen hätte, aber der Duft war einzigartig und dabei die Zubereitung so unglaublich simpel.

Was wird benötigt? Bestes Fleisch, gute Gewürze, Hitze und die Lust, aus kleinen Dingen Großes zu machen.

Wildschweinnacken 1 großer, ausgelöster Wildschweinnacken, in große Stücke geteilt (sodass der Grillspieß diese noch aufnehmen kann) ▪ 2 TL P&S Wildgewürz, grob gemörsert ▪ 200 ml Olivenöl ▪ Salz und Pfeffer ▪ 1 großer Gefrierbeutel
Rotweinzwiebeln 3 P&S Pimentkörner ▪ 3 Stiele Thymian ▪ 3 EL Olivenöl ▪ 500 g rote Zwiebeln, in feine Streifen geschnitten ▪ 1 Lorbeerblatt ▪ 100 g brauner Zucker ▪ 1–2 P&S Sternanis ▪ 2 EL Tannenhonig ▪ 150 ml Rotwein ▪ 200 ml Aceto balsamico ▪ Salz

▸ Das Wildgewürz mit dem Olivenöl mischen und mit Salz und Pfeffer abschmecken. Dann das Fleisch in den Gefrierbeutel geben, die Marinade darübergeben und alles schön einmassieren. Das Fleisch 2 Stunden marinieren lassen.

▸ Das Fleisch auf den Grillspieß stecken und bei mittlerer Temperatur sowie aktivierter Drehfunktion gute 45 Minuten grillen. Vor dem Anschneiden 5 Minuten ruhen lassen.

▸ In der Zwischenzeit die Rotweinzwiebeln zubereiten. Dafür die Pimentkörner in einer Pfanne ohne Fett anrösten, abkühlen lassen und im Mörser fein zerstoßen.

▸ Die Thymianblättchen abzupfen und das Öl in einem Topf erhitzen. Die Zwiebeln darin glasig dünsten. Das Lorbeerblatt, den angerösteten Piment, Salz, den Zucker, das Sternanis und den Honig zugeben und kurz mit andünsten. Mit dem Rotwein und dem Essig ablöschen und zugedeckt ca. 15 Minuten unter gelegentlichem Rühren ganz langsam einkochen lassen.

Thai-Curry vom Wildschwein

Thai-Curry und Wildschwein, wie passt das zusammen? Sehr gut, finde ich. Das kräftige Fleisch aus der Wildschweinkeule verträgt gut die fruchtige Schärfe eines Currys.

Zutaten 900 g Gulasch aus der Keule geschnitten ▪ 200 g Karotten ▪ 3 Schalotten ▪ 2 Knoblauchzehen ▪ 20 g frischer Ingwer ▪ 2 Bund Frühlingszwiebeln ▪ 150 g Staudensellerie ▪ 2 Stück Pak Choi ▪ 2 EL Sesamöl ▪ 1 EL Sonnenblumenöl und etwas mehr für den Lauch ▪ 2 TL P&S Thai-Curry-Gewürz, gemörsert ▪ 25 g Weizenmehl ▪ 250 ml Wildfond ▪ 500 ml Kokosmilch ▪ Salz und Pfeffer

▸ Das Gemüse waschen, die Karotten, die Schalotten, den Knoblauch sowie den Ingwer schälen.

▸ Das untere Drittel von den Frühlingszwiebeln so schneiden, dass man es separat braten kann. Die Karotten zuerst in lange, dickere Scheiben, dann in Rauten schneiden. Den Staudensellerie ebenfalls schräg schneiden. Den Knoblauch und den Ingwer in Scheiben, die Schalotten in Streifen schneiden. Den Pak Choi in gröbere Stücke schneiden.

▸ Das Sesam- mit dem Sonnenblumenöl mischen, erhitzen und das Fleisch darin nicht zu heiß rundherum anbraten, mit Salz und Pfeffer würzen.

▸ Das Fleisch aus dem Bräter holen und zur Seite stellen. Im selben Bräter die Karotten, die Schalotten, den Staudensellerie, den Knoblauch und den Ingwer anbraten. Mit dem Thai-Curry-Gewürz würzen und das Fleisch hinzugeben.

▸ Alles mit dem Mehl bestäuben und kurz durchrühren. Mit dem Wildfond und der Kokosnussmilch aufgießen und 25 Minuten leicht köcheln lassen. Kurz bevor das Fleisch gar ist, die Hitze auf die kleinste Stufe zurückstellen.

▸ Die unteren Stängel der Frühlingszwiebeln in einer Pfanne mit etwas Rapsöl braten, den geschnittenen Pak Choi dazugeben und mit Salz und Pfeffer würzen.

▸ Das Curry in tiefen Schalen anrichten und mit dem Lauch und Pak Choi garnieren.

▸ Ich empfehle zu diesem Gericht gedämpften Jasminreis.

Eintopf aus Bohnen, Birnen und Wildschweinnuss

Meine Mutter stammt aus einer Metzgerei im Norden von Dortmund. Meine Großeltern haben immer traditionell und bodenständig gekocht – westfälisch halt. Eine meiner Kindheitserinnerungen ist ein Eintopf aus Bohnen, Kartoffeln, Birnen und – wie kann es anders sein – geräuchertem Speck aus Opas Rauchfang.

Zutaten 1 kg Fleisch für Gulasch aus der Wildschweinnuss geschnitten ▪ 600 g Kartoffeln, vorwiegend festkochend ▪ 200 g grüne Bohnen ▪ 200 g Karotten ▪ 150 g Zwiebel ▪ 1 Zweig Bohnenkraut ▪ Butterschmalz ▪ 1 gehäufter TL Weizenmehl ▪ 3 Birnen ▪ 1 l heller Wildfond ▪ 2 Lorbeerblätter ▪ 5 P&S Wacholderbeeren ▪ Salz und Pfeffer

▸ Die Kartoffeln schälen und in 2 × 2 cm große Würfel schneiden. Die Bohnen und die Karotten putzen und in Rauten schneiden. Die Zwiebel grob würfeln und das Bohnenkraut hacken.

▸ Das Fleisch in Butterschmalz anbraten und mit Salz und Pfeffer würzen. Die Kartoffeln und die Karotten dazugeben und ebenfalls leicht Farbe annehmen lassen.

▸ Mit dem Mehl bestäuben, kurz durchrühren und mit dem Wildfond auffüllen.

▸ Nun gut 15 Minuten abgedeckt köcheln lassen.

▸ Die Birnen achteln, das Kerngehäuse entfernen und mit den Bohnen, den Lorbeerblättern sowie den Wacholderbeeren zu der Fleisch-Kartoffel-Mischung geben und weitere 10 Minuten köcheln lassen.

▸ Am Ende nochmals abschmecken und das Bohnenkraut hinzufügen. Am liebsten in einem Schmortopf servieren.

Geschmorte Scheiben von der Wildschweinstelze mit Wurzelgemüse

Ossobuco, ein Klassiker der italienischen Küche, ist eines meiner Lieblings-Schmorgerichte. Deftig, wärmend und perfekt für eine gesellige Runde unter Freunden, da man es gut ein bis zwei Tage zuvor vorbereiten und später einfach in der Soße wieder erwärmen kann.

Bei dieser Abwandlung kommen neben den in Scheiben gesägten Wildschweinstelzen auch arabisch anmutende Gewürze zum Einsatz. Für mich ein optimaler Begleiter.

Zutaten 4–6 Wildschweinstelzen, in 2–3 cm dicke Scheiben gesägt ▪ 500 g Karotten ▪ 500 g Sellerie ▪ 500 g Schalotten ▪ 5 Knoblauchzehen ▪ 250 g Kirschtomaten ▪ je 150 g rote und gelbe Paprika ▪ Olivenöl ▪ 50 g Tomatenmark ▪ 250 ml Rotwein ▪ 1,5 l Wildfond ▪ P&S Wacholderbeeren, gemörsert ▪ P&S Koriandersamen, gemörsert ▪ P&S Ras el Hanout, gemörsert ▪ P&S Rosa Beeren, gemörsert ▪ Salz und Pfeffer

▸ Das Gemüse waschen und schälen. Die Karotten in Scheiben schneiden, den Sellerie würfeln, die Schalotten der Länge nach halbieren, die Tomaten ebenfalls halbieren und die Paprika in Rauten schneiden.

▸ Olivenöl in einem großen Bräter erhitzen und die Beinscheiben darin von beiden Seiten goldbraun anbraten. Mit Salz und Pfeffer würzen, herausnehmen und zur Seite stellen.

▸ Die Karotten, den Sellerie, die Schalotten und den Knoblauch im selben Bräter Farbe annehmen lassen, das Tomatenmark dazugeben und leicht rösten lassen. Die Hitze reduzieren und den Ansatz mit dem Rotwein und dem Wildfond auffüllen.

▸ Je nach Größe der Beinscheiben ca. 1,5 Stunden leicht köcheln lassen, dabei darauf achten, dass immer genügend Flüssigkeit vorhanden ist.

▸ 15 Minuten vor Garende die Gewürze, die Paprika und die halbierten Kirschtomaten dazugeben.

▸ Ich serviere dazu gern in Butter und Rosmarin geschwenkte kleine Pellkartoffeln oder Drillinge. Es passen aber auch Kartoffelpüree, Polenta oder Gnocchi.

Geschmortes Schäufele vom Wildschwein mit Bohnen und Brezelknödelauflauf

Eines meiner Lieblingsgerichte. Wenn ich in einem fränkischen Wirtshaus sitze und es mir gut gehen lassen will, bestelle ich Schäufele. Diese Mischung aus gesalzenem und geräuchertem Fleisch ist einfach genial. Ich finde die Kombination mit Bohnen und einem fluffigen Brezelknödelauflauf mehr als passend. Das Würzige kann sich gut im Auflauf verteilen, und die Bohnen bringen in Kombination mit Strauchtomaten eine sommerliche Frische ins Gericht.

Schäufele pökeln 2,5 kg Wildschweinschulter mit Schulterblatt ▪ 6 P&S Wacholderbeeren ▪ 3 P&S Pimentkörner ▪ Pfeffer ▪ 3 Lorbeerblätter, fein geschnitten ▪ 90 g Pökelsalz ▪ 15 g Zucker
Schäufele schmoren 1 gepökelte und geräucherte Wildschweinschulter (siehe „Schäufele pökeln") ▪ Butterschmalz ▪ 200 g Karotten ▪ 200 g Sellerie ▪ 100 g Petersilienwurzel ▪ 250 g Zwiebeln, in Würfel geschnitten ▪ 1 TL Tomatenmark ▪ 250 ml halbtrockener Rotwein, gern einen Spätburgunder ▪ 200 ml Wasser ▪ 2 Lorbeerblätter ▪ 5 P&S Wacholderbeeren ▪ Salz und Pfeffer
Brezelauflauf 350 g Laugenbrezeln ▪ 50 g Schalotten ▪ 2 Eiklar ▪ 50 g Butter ▪ P&S Muskatblüte, fein gehackt ▪ 200 ml Milch ▪ 2 Eidotter ▪ 1 Vollei ▪ 2 EL Petersilie, gehackt ▪ Salz und Pfeffer
Bohnengemüse 800 g grüne Bohnen ▪ 150 g Strauchtomaten ▪ 60 g Schalotten, in feine Würfel geschnitten ▪ Butter zum Anschwitzen ▪ Bohnenkraut oder Thymian ▪ Salz und Pfeffer

▸ Um das Schäufele für die weitere Verarbeitung zu pökeln, werden alle Gewürze zerstoßen und mit dem Salz und dem Zucker gemischt.

▸ Die küchenfertige Wildschweinschulter mit der Gewürzmischung einreiben. Anschließend vakuumieren und für 8 Tage pökeln.

▸ Nach der Pökelzeit die Schulter aus dem Vakuumbeutel entnehmen und für 3 Stunden wässern. Danach abtrocknen und im Räucherofen oder Smoker für 4–6 Stunden kalt räuchern.

▸ Nach dem Räuchern das Gemüse in ca. 1,5 × 1,5 cm große Würfel schneiden und jeweils zur Seite legen.

▸ Die Schulter mit Butterschmalz in einem Bräter leicht anbraten, mit Pfeffer würzen und herausnehmen.

▸ Zuerst die Karotten, den Sellerie und die Petersilienwurzeln im Bratensatz der Schulter karamellfarben anbraten. Anschließend die Zwiebeln dazugeben und alles weiter Farbe annehmen lassen. Das Tomatenmark dazugeben und mit anschwitzen, den Bräter vom Herd nehmen.

▸ Den Schmoransatz mit dem Rotwein ablöschen und die Röststoffe vom Bräterboden lösen. Mit dem Wasser angießen und die Schulter zurück in den Bräter geben. Das Fleisch soll noch zu ⅓ aus der Flüssigkeit herausschauen.

▸ Die Lorbeerblätter und die Wacholderbeeren dazugeben und den Bräter mit Deckel bei 160 °C Umluft ca. 60 Minuten im Ofen schmoren. Dabei die Schulter öfter wenden und mit dem Schmorfond begießen.

▸ In der Zwischenzeit den Brezelauflauf vorbereiten. Dafür die Laugenbrezeln in 1,5 × 1,5 cm große Würfel schneiden, die Schalotten in sehr feine Würfel schneiden. Das Eiklar mit etwas Salz steif schlagen.

▸ Die Schalotten in der Butter anschwitzen, etwas Muskatblüte dazugeben und mit der Milch auffüllen. Alles kurz zum Kochen bringen.

- Die Milchmischung heiß über die Laugenbrezeln gießen und zügig umrühren, etwas abkühlen lassen und die Eidotter, das Vollei und die Petersilie unterrühren. Die Masse sollte weich sein und die Brezel die Feuchtigkeit aufnehmen.
- Zum Schluss die Masse mit Salz, Pfeffer und Muskatblüte abschmecken, die geschlagenen Eiklar unterheben und in Formen abfüllen und anschließend in einem Wasserbad bei 120 °C ca. 15–18 Minuten im Ofen garen.
- Für das Bohnengemüse die Bohnen putzen, die Enden abschneiden und in kochendem Wasser kurz garen (die Bohnen dürfen gern noch Biss haben) und anschließend in Eiswasser abschrecken, damit sie ihre Farbe behalten.
- Die Tomaten vierteln und das Kerngehäuse entfernen. Das Fruchtfleisch in kleine Würfel schneiden.
- Butter schmelzen und die Schalotten darin anschwitzen. Die Bohnen und die Tomaten dazugeben, alles mit Salz, Pfeffer und Bohnenkraut abschmecken.

Tellersülze vom Wildschwein

Ein richtiger Sommerklassiker: frisch und leicht. Etwas Salat dazu, ein schönes duftendes Brot und ich bin glücklich. Wann immer ich eine selbst gemachte Sülze in einem Restaurant entdecke, freue ich mich. Denn es zeigt mir, dass der Koch einen Sinn für die hochwertige Verwertung eines ganzen Tieres hat. Bei der Zerlegung fallen Fleischteile an, die ich so nicht unbedingt direkt verarbeiten kann.

Gerade die Backen, das Fleisch zwischen den Rippen sowie Abschnitte von Schulter, Bauch und Haxen bieten sich an, in einem guten Sud gegart zu werden. Danach werden sie butterweich in Würfel geschnitten und mit passendem Gemüse in Gelee gegossen – das kann uns Freude bereiten. Mehr Ehrfurcht vor dem Tier geht nicht.

Fond 700 g Fleischabschnitte aus Backe, Rippenfleisch, Schulter, Bauch ▪ 150 g Karotten ▪ 150 g Sellerie ▪ 100 g Zwiebeln ▪ 3 P&S Wacholderbeeren, grob gemörsert ▪ 1 Nelke, grob gemörsert ▪ 1–2 Lorbeerblätter ▪ Salz und etwas gestoßener Pfeffer
Sülze 600 g gekochtes Wildschweinfleisch (siehe Fond) ▪ 200 g Gemüse nach Wahl und Jahreszeit (Pilze, Bohnen, Staudensellerie, Frühlingslauch, Karotten, Sellerie etc.) ▪ 7–8 Blatt helle Gelatine (wenn es draußen sehr warm ist, nehme ich gern ein Blatt Gelatine mehr) ▪ 400 ml Wildfond (siehe Fond) ▪ milder heller Balsamicoessig ▪ Salz und Pfeffer

▸ Die Fleischteile einmal in kochendem Wasser aufkochen, um anhaftendes und später trübendes Fleischeiweiß zu entfernen. Das Wasser wegschütten und die Fleischteile kurz unter kaltem Wasser abspülen.

▸ Nun das Fleisch in kaltem Wasser mit etwas Salz langsam zum Kochen bringen und anschließend nur leicht köcheln lassen. Den auf der Oberfläche entstehenden Schaum immer wieder abschöpfen.

▸ Das Gemüse in 1,5 × 1,5 cm große Stücke schneiden und, nachdem das Fleisch 25 Minuten gekocht hat, mit den Gewürzen zum Fleisch geben. Die ersten Fleischstücke prüfen, ob sie gar sind (Schulter, Rippenfleisch, Bauch). Die Haxe und die Backen werden eine längere Garzeit benötigen.

▸ Die gegarten Fleischteile erkalten lassen. Die Brühe abschmecken und vorsichtig – am besten durch ein Tuch – passieren, damit alle Trübstoffe entfernt werden. Die Brühe entfetten. Das geht am einfachsten, wenn die Brühe am Vortag gekocht wurde und im Kühlschrank erkaltet.

▸ Um eine ansprechende Sülze abzufüllen, empfehle ich ein Verhältnis von 30 Prozent Sud, 50 Prozent Fleischeinlage und 20 Prozent Gemüse.

▸ Für die Sülze das gekochte Fleisch von Sehnen und Fett befreien und in kleine, gleichmäßig Würfel schneiden.

▸ Das Gemüse ebenfalls in kleine, gleichmäßige Würfel, Scheiben oder Rauten schneiden und in Salzwasser so garen, dass es nicht mehr al dente ist. Anschließend in Eiswasser abschrecken, damit es die Farbe behält.

▸ Die Gelatine in sehr kaltem Wasser ca. 15 Minuten quellen lassen, darauf achten, dass die Blätter locker im Wasser und nicht übereinanderliegen.

- Den Fond erwärmen, aber nicht kochen, und mit etwas Essig, Salz und Pfeffer abschmecken. Die Gelatine ausdrücken und in die Brühe geben.
- Anschließend das geschnittene Fleisch und das Gemüse dazugeben und einmal vorsichtig mischen. Nun alles in tiefe Teller oder Schalen abfüllen und für mindestens 4 Stunden im Kühlschrank erkalten lassen.
- Zur Sülze passt eine leichte Remouladensoße oder Crème fraîche, vermischt mit etwas Limettenabrieb oder Gartenkräutern.

Terrine vom Wildschwein mit gebratenen Äpfeln und geschmorten Zwiebeln

Hätte ich ein Restaurant, würde ich es „Old School" nennen. Ich mag einfach die Ursprünglichkeit unserer heimischen Küche und die damit verbundene Bodenständigkeit – Dinge, die einen an die eigene Kindheit erinnern: der Duft von frischem Brot, die Kombination von Fleisch und Mandeln sowie die Süße von Backobst. Und daraus eine Stulle schmieren – unbezahlbar …

Farce 350 g Wildschweinunterschale ohne Fett und Sehnen, in Würfel geschnitten ▪ 50 g durchwachsenen Speck, in Würfel geschnitten ▪ ein Schuss roter Portwein ▪ 200 g sehr kalte Schlagsahne ▪ Salz und Pfeffer
Terrine 100 g Wildschweinunterschale ohne Fett und Sehnen, in feine Würfel geschnitten ▪ 30 g Zwiebeln, in Würfel geschnitten ▪ Rapsöl ▪ 50 g Mandeln ▪ 50 g getrocknete Aprikosen, in feine Würfel geschnitten ▪ etwas frische Blattpetersilie ▪ Zucker, nach Geschmack ▪ 100 g Backpflaumen ▪ Salz und Pfeffer

▸ Für die Farce – das ist das Brät, das alles zusammenhält – die Unterschale im Tiefkühlschrank leicht anfrieren lassen.

▸ Das gewürfelte Fleisch und den Speck in eine Küchenmaschine mit Schneidemesser geben und mit Salz und Pfeffer sowie einem Schuss Portwein würzen. Dann erst langsam kuttern, um alles gut miteinander zu vermischen.

▸ Nun die Geschwindigkeit erhöhen und die Sahne im dünnen Strahl dazugeben. Die Masse soll am Ende fein vermischt sowie leicht glänzend sein und zwischen den Fingern etwas kleben.

▸ Nun wird die Terrine zusammengestellt, indem zunächst die Zwiebelwürfel in etwas Rapsöl angeschwitzt werden. Anschließend erkalten lassen.

▸ Die Mandeln in einer trockenen Pfanne leicht rösten und etwas salzen, ebenfalls erkalten lassen.

▸ Alle Zutaten, bis auf die Backpflaumen, zur Farce geben, gut mischen und mit Salz und Pfeffer und evtl. etwas Zucker abschmecken.

▸ Eine längliche Terrinenform oder eine kleine Kuchenbackform mit Aluminiumfolie auskleiden, leicht einfetten und die Farce dort bis zur Hälfte einfüllen.

▸ Die Backpflaumen der Länge nach in die Mitte der Form legen und anschließend mit dem Rest der Farce bedecken. Alles gut andrücken, die Oberseite der Form ebenfalls mit geölter Aluminenfolie gut abdecken und die Terrine im Backofen bei 120 °C Umluft oder 100 °C Dampf ca. 40 Minuten backen/dämpfen.

▸ Vor dem ersten Anschnitt die Terrine etwas auskühlen lassen.

▸ Am liebsten habe ich dazu ein kräftiges Sauerteigbrot, mit etwas Salzbutter bestrichen, und in Butter gebratene Apfelscheiben.

Geschmorte „dicke Rippe“ mit (Minz-)Erbspüree und Croûtons

Die saftige, mit Fett durchzogene „dicke Rippe“ ist ein Gedicht für all diejenigen, die sich nicht vor satten Aromen und mundfüllendem Geschmack fürchten. Das Gericht strotzt vor Kraft, und die Cremigkeit des Erbspürees hält das Gleichgewicht. Beides sind charakterstarke Begleiter – und dazu der Crunch der Croûtons, der einfach Spaß macht.

Dicke Rippe ca. 2,5 kg „dicke Rippe“ vom Wildschwein (das sind ca. 6–7 Stück) ▪ Butterschmalz ▪ 300 g Karotten ▪ 250 g Sellerie ▪ 250 g rote Zwiebeln ▪ 50 g Tomatenmark ▪ 1 EL Weizenmehl ▪ ½ l halbtrockener Rotwein ▪ 1 l Wasser ▪ 100 g Petersilienwurzel ▪ 5 P&S Wacholderbeeren ▪ 4 P&S Pimentkörner ▪ 2 Lorbeerblätter ▪ Rosmarin ▪ Honig ▪ Salz und Pfeffer
Erbspüree 200 g mehligkochende Kartoffeln ▪ 50 g Schalotten, fein gewürfelt ▪ 1 Knoblauchzehe, fein gewürfelt ▪ Butter ▪ 900 g Tiefkühlerbsen ▪ 300 ml Gemüsebrühe ▪ 200 ml Sahne ▪ P&S Muskatblüte ▪ frische Minze, nach Geschmack ▪ Salz und Pfeffer

▸ Für die „dicke Rippe“ das Gemüse schälen und in 1,5 × 1,5 cm große Würfel schneiden, die Zwiebeln gewürfelt separat beiseitelegen.

▸ Die „dicken Rippen“ in einem Bräter von allen Seiten langsam in Butterschmalz anbraten, anschließend mit Salz und Pfeffer würzen und aus dem Bräter nehmen.

▸ Im selben Bräter das gewürfelte Gemüse langsam bräunen lassen, die Zwiebeln zum Schluss dazugeben, damit sie nicht verbrennen.

▸ Jetzt das Tomatenmark dazugeben und kurz mitbraten lassen, das Mehl darüberpudern und kurz durchrühren. Nun die Hitze reduzieren und den Schmoransatz mit dem Rotwein ablöschen, dabei den Bratansatz vom Bräterboden lösen. Das Wasser angießen und die „dicken Rippen“ in den Schmorfond legen.

▸ Mit geschlossenem Deckel im Backofen bei 160 °C Ober-/Unterhitze ca. 50 Minuten schmoren. Dabei immer wieder die Rippen mit dem Fond begießen und darauf achten, dass genügend Flüssigkeit vorhanden ist.

▸ Kurz vor Garende die Gewürze und die Kräuter dazugeben.

▸ Die „dicken Rippen“ aus dem Fond nehmen und zur Seite legen. Den Fond durch ein feines Sieb gießen und auf die gewünschte Soßenkonsistenz einkochen. Zum Schluss noch einmal mit Salz, Pfeffer und Honig abschmecken.

▸ In der Zwischenzeit das Erbspüree vorbereiten. Dafür die Kartoffeln schälen und in Salzwasser kochen.

▸ Die Schalotten und den Knoblauch in etwas Butter anschwitzen, die Erbsen dazugeben und mit anschwitzen. Mit der Brühe aufgießen und zugedeckt köcheln lassen.

▸ Sobald die Erbsen weich sind, im Mixer sehr fein pürieren und durch ein Sieb streichen.

▸ Die Sahne erhitzen, die weichen Kartoffeln pressen und zur Sahne geben. Die Kartoffel-Sahne-Masse mit dem Erbspüree mischen und mit Salz, Pfeffer und Muskatblüte abschmecken.

▸ Wer ein Freund von Minze ist, darf gern auch ein paar geschnittene Blätter Minze in das Püree einarbeiten. Es verleiht dem Gericht noch eine weitere spannende Komponente.

Cordon bleu mit Blauschimmelkäse, Schinkenspeck und Birne

Dieses Cordon bleu, eine neue Interpretation des Klassikers, lebt von der Salzigkeit des Schinkens und dem cremig-würzigen Geschmack des Blauschimmelkäses. Der zarte Schmelz verbindet beides im Mund, und die krosse Panierung aus Paniermehl und asiatischem Pankomehl gibt zudem ein kontrastreiches Gefühl im Mund. Die Birne verleiht dem Gericht die passende Süße, und eine kräftige Jus (Seite 146) ist ein Begleiter, der Tiefe in das Gericht bringt. Die Rosmarinkartoffeln sorgen für Erdigkeit und der Rosmarin verbindet sich gut mit der Birne.

Cordon bleu 6 Steaks à ca. 150 g aus der Rehunterschale ▪ 12 Scheiben Schinkenspeck ▪ 150 g (pro Schnitzel 25 g) Blauschimmelkäse (Danablu, Bavaria blu) ▪ 80 g Weizenmehl Type 405 ▪ 100 g Paniermehl, zum Panieren ▪ 100 g Pankomehl, zum Panieren ▪ 2 Eier ▪ 150 ml Milch ▪ Butterschmalz, zum Braten ▪ Butterflocken, zum Verfeinern ▪ Salz und Pfeffer
Rosmarinkartoffeln 1 kg Drillinge (kleine Kartoffeln) ▪ 2 Rosmarinzweige ▪ Salz ▪ Olivenöl, Butter
Birnen 4 Birnen (z. B. Sorte Conference) ▪ Butter ▪ 1 TL Honig ▪ P&S Vanillesalz ▪ Puderzucker

▸ In die Steaks jeweils eine Tasche für die Füllung schneiden.

▸ Die Steaks leicht plattieren (geht am besten, wenn Sie sie in einen Gefrierbeutel geben, den Beutel um das Fleisch legen und mit der flachen Seite des Fleischklopfers leicht plattieren). Das Fleisch außen mit Salz und Pfeffer würzen.

▸ Für die Füllung je zwei Scheiben Schinkenspeck mittig kreuzweise übereinanderlegen. In die Mitte Blauschimmelkäse legen und nun den Käse von allen vier Seiten mit dem Schinkenspeck einschlagen. Diese Päckchen leicht andrücken und in die Taschen der Cordons bleus legen.

▸ Um die Cordons bleus zu panieren, benötigen Sie eine Schüssel mit Mehl, eine Schüssel mit einem Mix aus Paniermehl und Pankomehl sowie eine Schüssel mit einer verquirlten Ei-Milch-Mischung.

▸ Die Cordons bleus nun gleichmäßig erst in Mehl, dann in der Ei-Milch-Mischung und zuletzt in der Paniermehlmischung wenden, die Panade andrücken.

▸ Die Cordons bleus in reichlich Butterschmalz ausbacken, zum Garende ein paar Butterflocken mit in die Pfanne geben.

▸ In der Zwischenzeit die Drillinge in reichlich Salzwasser fast gar kochen, abschütten, abkühlen lassen und halbieren.

▸ Von den Rosmarinzweigen die Nadeln abziehen und grob hacken.

▸ Kurz vor dem Servieren die Kartoffeln in Olivenöl leicht anbraten, dann salzen und die gehackten Rosmarinnadeln dazugeben. Durchschwenken und anrichten.

▸ Für die Birnenbeilage zwei der Birnen schälen, aus ihnen 12 große Würfel schneiden und in einer Pfanne mit etwas Butter von allen Seiten leicht anbraten. Am Ende den Honig in die Pfanne geben und mit Vanillesalz etwas würzen. Zur Seite legen.

▸ Die übrigen beiden Birnen nicht schälen und mithilfe eines Kerngehäuseentferners das Kerngehäuse ausstechen. Dann in lange dünne Scheiben schneiden, sodass man den Querschnitt der Birne noch erkennt.

▸ Etwas Butter in der Pfanne schmelzen, die Birnenscheiben vorsichtig dazugeben und von beiden Seiten leicht braten. Mit Puderzucker in der Pfanne etwas bestäuben. Zur weiteren Verwendung auf ein mit Backpapier ausgelegtes Blech legen. Bei Bedarf im Ofen noch einmal goldgelb backen.

Roulade aus der Hirschkalbunterschale mit Kartoffel-Limettenpüree

Was steckt hinter dieser Idee? Die Überzeugung, dass Wild auch gut mit mediterranen Aromen harmonieren kann.

Ich denke dabei an den Sommer und die Leichtigkeit, die diese Jahreszeit mit sich bringt. Mein Bestreben ist es, Wild aus der dunklen Jahreszeit zu holen, weg von der Schwermütigkeit und von Rotkohl und Klößen, obwohl ich beides gern mag. Die frischen, leicht süßsauren Noten von Oliven, Tomaten und Schalotten passen perfekt zur Unterschale, und wenn dann noch ein leichtes Kartoffelpüree mit Limette den Begleiter spielt, finde ich es sehr gelungen, damit Gäste an einem lauen Sommerabend zu begeistern.

Roulade 450 g Hirschkalbunterschale ▪ 100 g Schalotten, in Streifen geschnitten ▪ Butter ▪ 60 g sehr kaltes, fett- und sehnenfreies Fleisch der Unterschale zum Kuttern ▪ 30 g schwarze Oliven ▪ 45 g getrocknete Tomaten ▪ je 2 Stängel Thymian und glatte Petersilie ▪ 6 Scheiben luftgetrockneter Schinken ▪ Salz und Pfeffer

Kartoffel-Limettenpüree 750 g mehligkochende Kartoffeln, geschält ▪ 1 P&S Muskatblüte ▪ 150 ml Milch oder Sahne, je nachdem, wie cremig man das Püree mag ▪ 100 g Butter ▪ Abrieb von 1 Limette ▪ Oliven, zur Dekoration ▪ getrocknete Tomaten, zur Dekoration ▪ 1 Schalotte, zur Dekoration ▪ Salz aus der Mühle

▸ Die Unterschale gegen die Faser in sehr flache Scheiben schneiden. Diese überlappend auf ein Brett legen, mit Frischhaltefolie bedecken und mit einem Plattiereisen oder der flachen Seite eines Fleischklopfers dünn klopfen. Dabei darauf achten, dass die überlappenden Stellen sich verbinden. Nun diese große Fleischscheibe mit Salz und Pfeffer aus der Mühle würzen.

▸ Die Schalottenstreifen in etwas Butter leicht anbraten und mit Salz und Pfeffer würzen.

▸ Das sehnen- und fettfreie Fleisch in kleine Würfel schneiden, mit den Oliven und den getrockneten Tomaten in einer kleinen Küchenmaschine kuttern. Mit dem gehackten Thymian und der Petersilie sowie Salz und Pfeffer abschmecken.

▸ Die große Fleischscheibe mit dem Schinken belegen, darauf die gekutterte Masse dünn aufstreichen, obenauf die Schalottenstreifen verteilen.

▸ Nun das Ganze fest einrollen und in Frischhaltefolie einwickeln. Die Enden wie bei einem Bonbon zusammenwickeln und anschließend die Roulade vakuumieren. Wer diese Möglichkeit nicht hat, nimmt einfach mehr Frischhaltefolie und knotet die Enden zusammen.

▸ Die Roulade bei 58 °C 3 Stunden im Sous-vide-Becken (Wasserbad) garen.

▸ In der Zwischenzeit das Kartoffel-Limettenpüree zubereiten. Dafür die Kartoffeln in Salzwasser gar kochen, abschütten und anschließend heiß durch eine Kartoffelpresse pressen.

▸ Die Muskatblüte fein hacken und mit der Milch zusammen aufkochen.

▸ Die Kartoffelmasse mit der Butter und der heißen Milch glatt rühren und mit Salz und dem Abrieb der Limette abschmecken.

▸ Zur Dekoration kann man die Limette schälen und in Scheiben schneiden. Diese dann mit Oliven, getrockneten Tomaten sowie der in Ringe geschnittenen Schalotte in Butter leicht anschwitzen und mit dem Püree zusammen anrichten.

Confit von der Rehstelze mit Parmesan-Polenta

Ein Confit ist eine klassische Speise aus Frankreich. Sie hat ihre Tradition darin, fetthaltige Fleischteile im eigenen Schmalz mit reichlich Gewürzen zu garen und im erkalteten Fett zu konservieren. Heute geht es dank Vakuumgerät und Tiefkühlschrank weniger um die Haltbarmachung, sondern einzig und allein um den unglaublich tollen Geschmack und die Zartheit, die man bei dieser Garmethode erreicht.

Confit 6–8 Rehstelzen ▪ 2 Knoblauchzehen ▪ 2 Schalotten, in Viertel geschnitten ▪ 5 P&S Wacholderbeeren ▪ 10 P&S Koriandersamen ▪ ½ TL P&S Ras el Hanout ▪ 1–2 Lorbeerblätter ▪ ½ Zweig Rosmarin ▪ ca. ½ l Olivenöl ▪ ca. ½ l Sonnenblumenöl ▪ 1 Knolle junger Knoblauch, in Scheiben geschnitten ▪ 2–3 Kirschtomaten pro Person ▪ Salz und Pfeffer
Polenta 250 g feiner Maisgrieß ▪ 500 ml Wasser ▪ 500 ml Milch ▪ 1 TL Salz ▪ 1 Lorbeerblatt ▪ 100 g frisch geriebener Parmesan ▪ 60 g Butter ▪ Salz und Pfeffer

▸ Die Rehstelze von der Knochenhaut befreien und das Ende des Knochens sauber sägen.

▸ Der Knochen soll sauber und hell sein, die Wade soll den Knochen noch umschließen.

▸ Die Knoblauchzehen und die Schalotten schälen und halbieren. Die festen Gewürze leicht mörsern.

▸ Die Öle mit allen Zutaten auf 95 °C erhitzen. Das Gewürzöl mit Salz und Pfeffer abschmecken.

▸ Die Rehstelzen nun in das Gewürzöl legen (die Stelzen sollen vom Öl bedeckt sein) und für ca. 1½–2 Stunden bei 95–100 °C gar ziehen. Das geht mit Deckel auch gut im Ofen.

▸ Die Rehstelzen mit dem gebratenen jungen Knoblauch und den in dem Gewürzöl der Stelzen gegarten Kirschtomaten servieren.

▸ Eine kräftige Wildjus (siehe Seite 146) rundet das Gericht ab.

▸ Für die Polenta das Wasser mit der Milch, dem Salz und dem Lorbeerblatt in einem hohen, breiten Topf (vorzugsweise mit einem dicken, schweren Boden) aufkochen. Dann die Herdplatte auf kleinste Stufe zurückschalten und unter ständigem Rühren nach und nach den Maisgrieß zugeben.

▸ Die Polenta 10 Minuten köcheln lassen, dabei immer wieder rühren. Dann den Herd ausschalten, den Parmesan und die Butter einrühren und weitere 10 Minuten ziehen lassen, nochmals abschmecken.

Fruchtige Spieße vom Rehrücken

Die Idee zu diesem Gericht entstand, weil ich etwas anderes als die klassischen Preiselbeeren zum Rehrücken verwenden wollte. Also musste etwas Frisches, Süßes her. Fündig wurde ich bei roter Paprika, Schalotten und Mango. Perfekt für dieses Gericht.

Zutaten ca. 600 g Rehrücken oder Rehfilets ▪ 9 Scheiben geräucherter Speck, nicht zu dünn geschnitten ▪ 6–8 Schalotten ▪ 2 große, rote Paprika ▪ 1–2 reife Mangos ▪ Salz und Pfeffer

▸ Den Rehrücken sauber entsehnen und in gleichmäßige Würfel schneiden (pro Spieß gern 4 Stück). Die Speckscheiben in die gleiche Größe wie das Fleisch schneiden.

▸ Die Schalotten schälen, die Paprika halbieren und entkernen, die Mango(s) schälen und das Fruchtfleisch vom Kern schneiden. Alles in für die Spieße passende Würfel schneiden.

▸ Nun alle Zutaten abwechselnd mit dem Fleisch und dem Speck auf einen Spieß stecken und würzen. Ich beginne gern mit der Schalotte, da ich somit einen guten Halt für alle folgenden Zutaten habe.

▸ Zu den Spießen passt ein begleitender Salat mit einer Mischung aus: Salatherzen, Sauerampfer, Kresse, Rucola, Löwenzahn, Radicchio und glatter Petersilie.

▸ Hier sind der Fantasie keine Grenzen gesetzt. Ein gutes Öl und ein fruchtiger Essig mit milder Säure, ein bisschen Salz, Zucker und Pfeffer aus der Mühle sowie Salatkräuter von P&S geben dem Salat die nötige Würze.

▸ Mit etwas Karottenstreifen, Parmesanhobeln und Granatapfelkernen wird es ein echter Hingucker.

Bruschetta mit Burrata und Scheiben vom gebeizten Rehrücken

Burrata ist die feine Dame unter den Mozzarellasorten. Ich bin begeistert von diesem besonderen Käse, der aus der Mozzarellafamilie stammt. Er ist sahnig, cremig in der Mitte, leicht süßlich und zerfließt förmlich beim Anschneiden. Für mich ist er der perfekte Begleiter zu Tomaten, knusprigem Brot und salzig-würzigem Rehrücken.

Rehrücken 600 g Rehrücken, ausgelöst und von Fett sowie Sehnen befreit ▪ ca. 3 EL Petersilie, gehackt ▪ 1 EL Rosmarinnadeln, gehackt ▪ 2 frische Lorbeerblätter, sehr fein geschnitten ▪ 15 g P&S Wildgewürzmischung, grob gemörsert ▪ 150 g Zucker ▪ 60 ml roter Portwein ▪ 180 g Meersalz
Bruschetta 1 rustikales Landbaguette ▪ Olivenöl ▪ 500 g sonnengereifte Fleischtomaten, gern Ochsenherztomaten ▪ 12 Kirschtomaten ▪ 100 g Schalotten ▪ P&S Bruschettagewürz ▪ Salz und Pfeffer
Salat 200 g Blattsalate nach Wahl (Lollo rosso, Rucola, Friséesalat, junger Spinat, Sauerampfer) ▪ Küchenkräuter nach Wahl (Blattpetersilie, gezupft, Kerbel, gezupft, Schnittlauch, in Ringe geschnitten) ▪ 4 EL Olivenöl ▪ 2 EL heller Balsamicoessig ▪ etwas Zucker ▪ 2 Kugeln (ca. 250 g) Burrata ▪ 50 g Granatapfelkerne ▪ Salz und Pfeffer

▸ Für die Rehrückenmarinade alle Zutaten gut vermischen, bis eine Art Paste entsteht.

▸ Den Rehrücken großzügig mit der Paste bestreichen und fest in Frischhaltefolie einwickeln oder noch besser vakuumieren. Für 36 Stunden im Kühlschrank marinieren lassen.

▸ Vor der Weiterverarbeitung die Marinade vom Rehrücken abwaschen, das Fleisch trocken tupfen und dann hauchdünne Scheiben mit einer Aufschnittmaschine oder einem Messer schneiden.

▸ Nun die Bruschetta zusammenstellen. Dafür das Baguette in 12 schräge Scheiben schneiden und in einer Pfanne mit etwas Olivenöl von beiden Seiten rösten.

▸ Die Tomaten waschen und die Fleischtomaten in kleine Würfel schneiden. Die Kirschtomaten in Scheiben schneiden. Die Schalotten würfeln.

▸ Die Tomaten- und Schalottenwürfel vermischen und mit Olivenöl, Salz, Pfeffer und dem Bruschettagewürz abschmecken.

▸ Die gerösteten Brotscheiben mit dem Tomatensalat belegen und mit den Kirschtomaten garnieren. Nach Belieben mit etwas Salz, Pfeffer und Bruschettagewürz würzen.

▸ Die Salate waschen, trocken schleudern und mundgerecht zupfen. Kräuter nach Wahl hacken und unter den Salat mischen.

▸ Aus dem Öl, dem Essig und Gewürzen eine Vinaigrette herstellen und den Salat damit marinieren.

▸ Die Burrata auf dem Blattsalat mit den Granatapfelkernen anrichten und zusammen mit der Bruschetta und dem gebeizten Rehrücken servieren, um jeden Bissen gemeinsam zu genießen.

Pizza mit gebeiztem Rehrücken, Feigen und Camembert

Die Idee zu diesem Rezept entstand vor einigen Jahren in Istrien, wo ich in einem kleinen Restaurant die bis dahin beste Pizza meines Lebens gegessen habe. Sie war kross und der Belag aus Pršut – einem einheimischen luftgetrockneten Schinken –, ergänzt mit Feigen und Camembert, hatte es mir angetan. Es hat ziemlich lange gedauert, bis ich durch Versuch und Irrtum den Pizzateig für meinen Gasgrill so nachgebaut hatte, dass ich endlich zufrieden war.

Pizzateig 480 g Weizenmehl Type 550 ▪ 120 g Maismehl, mittelfein ▪ 12 g Salz ▪ 2 TL P&S Bruschettagewürz ▪ 42 g frische Hefe ▪ 450 ml lauwarmes Wasser ▪ 150 ml Olivenöl ▪ Pizzasoße nach Wahl
Pizzabelag gebeizter Rehrücken, in dünne Scheiben geschnitten (siehe Seite 123) ▪ rote Zwiebeln ▪ Strauchtomaten ▪ frische Feigen ▪ roter Chicorée ▪ Camembert, am liebsten aus der Normandie, gut gereift ▪ Rucola

▸ Für den Teig das Weizenmehl, das Maismehl, das Salz und das Bruschettagewürz in einer Rührschüssel vermengen. Die Hefe in dem lauwarmen Wasser auflösen.

▸ In einer Küchenmaschine das Hefewasser langsam zur Mehlmischung geben und mit dem Knethaken auf niedrigster Stufe vermengen. Dabei langsam das Olivenöl hinzufügen. Den Teig etwa 5 Minuten kneten, bis er nicht mehr an der Schüssel klebt.

▸ Den Teig 45 Minuten gehen lassen, dann in 12 Teile teilen und zu kleinen Kugeln formen. Diese weitere 20 Minuten gehen lassen und anschließend auf einer mit Maismehl bestäubten Arbeitsfläche ausrollen.

▸ Beim Pizzabelag verzichte ich auf genaue Mengenangaben, da diese bei Pizza sehr individuell sind. Ich bevorzuge den Minimalismus, denn bei guten Grundprodukten ist weniger oft mehr.

▸ Rote Zwiebeln schälen und in dünne Ringe schneiden, Strauchtomaten, Rehrücken und Feigen in dünne Scheiben schneiden. Chicorée waschen und klein zupfen.

▸ Den dünn ausgerollten Teig mit Pizzasauce bestreichen und mit Tomaten, Zwiebeln, Feigen, Chicorée und etwas gezupftem Camembert belegen. Bei 260 °C auf einem Pizzastein im Grill oder im vorgeheizten Backofen backen.

▸ Nach dem Backen mit Rucola und dem gebeizten Rehrücken belegen und genießen.

Rehschnitzel mit Pankohülle, Kartoffel-Gurkensalat und Feigen-Mango-Ketchup

Schnitzel und Kartoffel-Gurkensalat – herrlich einfach und an lauen Sommerabenden ein Genuss.

Schnitzel 1 kg Rehunterschale oder Rehnuss ▪ 80 g Weizenmehl Type 405, zum Panieren ▪ 100 g Paniermehl, zum Panieren ▪ 100 g Pankomehl, zum Panieren ▪ 2 Eier ▪ 150 ml Milch ▪ Salz und Pfeffer ▪ Butterschmalz, zum Braten ▪ Butterflocken, zum Verfeinern

Kartoffel-Gurkensalat 650 g vorwiegend festkochende Kartoffeln mit Schale (gern kleine) ▪ 500 g Salatgurke ▪ 100 g Schalotten ▪ 150 ml Rapsöl ▪ 2 TL Senf ▪ 250 ml Gemüsebrühe ▪ Weißweinessig, zum Abschmecken ▪ P&S Salatkräuter ▪ Salz und Pfeffer

Feigen-Mango-Ketchup 200 g reife Mango ohne Stein ▪ 100 g rote Zwiebel ▪ 75 g Speck ▪ 75 g getrocknete Feigen ▪ Rapsöl ▪ 50 g Tomatenmark ▪ P&S Lebkuchengewürz ▪ 30 ml leicht rauchiger Whiskey ▪ 500 g stückige Tomaten in der Dose ▪ 1 Limette ▪ Gemüsebrühe, nach Geschmack ▪ Salz und Pfeffer

▸ Die Unterschale gegen die Faser dünn aufschneiden und die Fleischscheiben plattieren. Mit Salz und Pfeffer würzen.

▸ Für die Panade der Schnitzel benötigen Sie drei Schüsseln: eine mit dem Weizenmehl, eine mit der Mischung aus Panier- und Pankomehl, und eine mit der verquirlten Ei-Milch-Mischung, gewürzt mit etwas Salz und Pfeffer.

▸ Das plattierte Fleisch gleichmäßig erst in dem Mehl, dann in der Ei-Milch-Mischung und schließlich in der Panier- und Pankomehl-Mischung wenden, dabei die Panade gut andrücken.

▸ Die Schnitzel in reichlich Butterschmalz ausbacken. Zum Garende ein paar Butterflocken in die Pfanne geben und die Schnitzel mit dem Bratfett immer wieder übergießen.

▸ Für den Kartoffel-Gurkensalat die Kartoffeln mit Schale in Salzwasser garen. Die Gurke waschen, beide Enden entfernen, längs vierteln und dann in Scheiben schneiden, mit Schale und Kernen.

▸ Die Schalotten schälen, fein würfeln und in Rapsöl glasig dünsten. Den Senf einrühren und mit der Gemüsebrühe ablöschen. Den Sud mit Essig, Salatkräutern, Salz und Pfeffer abschmecken.

▸ Die warmen Kartoffeln pellen, in dünne Scheiben schneiden und mit dem Sud übergießen. Die Gurkenscheiben dazugeben, alles gut durchziehen lassen und erneut abschmecken.

▸ In der Zwischenzeit das Feigen-Mango-Ketchup vorbereiten: Die Mango und die Zwiebel schälen, zusammen mit dem Speck und den Feigen fein würfeln. Rapsöl erhitzen, alle Zutaten anschwitzen, das Tomatenmark dazugeben und erwärmen. Mit Salz, Pfeffer und etwas Lebkuchengewürz abschmecken, mit dem Whiskey ablöschen und mit den Dosentomaten auffüllen.

▸ Das Ketchup auf kleiner Hitze 15 Minuten köcheln lassen, erneut abschmecken. Um eine leichte, frische, säuerliche Note zu bekommen, runde ich dieses Ketchup gern mit etwas abgeriebener Limettenschale ab. Bei Bedarf mit etwas Gemüsebrühe verdünnen. Nach dem Abkühlen in Schraubgläser füllen und im Kühlschrank lagern.

Hot Pot mit Rehrücken und Garnelen

Diese aus Ostasien stammende Art des geselligen Kochens und Essens passt wunderbar in die moderne Welt der Verarbeitung von Reh und Co.

Es gibt nur eine Regel: Gegart wird, was gefällt, und das macht diese Art zu kochen so unheimlich unkompliziert. Am Ende bekommt man noch eine unglaublich gehaltvolle Brühe, die zum Schluss genüsslich geschlürft werden kann.

Grundbrühe 1 Suppenhuhn ▪ 200 g Karotten ▪ 100 g Sellerie ▪ 150 g Zwiebeln ▪ 2 Knoblauchzehen ▪ 50 g Ingwer ▪ 2 Limettenblätter ▪ 1 nicht zu scharfe Chilischote ▪ helle Sojasoße, zum Abschmecken ▪ Fischsoße, zum Abschmecken ▪ etwas Koriandergrün ▪ Salz und Pfeffer
Hot Pot 400 g Rehrücken, leicht angefroren ▪ 12–18 Garnelen ▪ 500 g Spitzkohl ▪ 500 g Wirsing ▪ je 400 g gelbe und orange Karotten ▪ 75 g Shitakepilze ▪ 75 g Enokipilze ▪ 75 g Austernpilze ▪ 100 g Champignons ▪ 3 Bund Zwiebellauch

▸ Für die Grundbrühe wird eine klare Brühe benötigt. Dafür das Suppenhuhn zuerst in einen Topf mit kochendem Wasser legen und für 2–3 Minuten überbrühen. Danach das Huhn herausnehmen und das Wasser wegschütten.

▸ Nun das Huhn in einem Topf mit kaltem, gesalzenem Wasser langsam erhitzen. Die Brühe sollte nicht kochen, am besten bei einer Temperatur von unter 100 °C bleiben. Dabei immer wieder den sich an der Oberfläche bildenden Schaum abschöpfen.

▸ Die Karotten und den Sellerie waschen, schälen und in 2 × 2 cm große Würfel schneiden. Die Zwiebel schälen und vierteln. Den Knoblauch schälen und halbieren, den Ingwer in Scheiben schneiden und alles zusammen mit den Limettenblättern und der Chilischote zur Brühe geben.

▸ Nach 30 Minuten die Brühe mit heller Sojasoße, Fischsoße und Koriandergrün abschmecken, das Suppenhuhn aus dem Topf nehmen und die Brühe durch ein feines Sieb gießen.

▸ In der Zwischenzeit die Zutaten für den Hot Pot vorbereiten: Das Gemüse waschen und gegebenenfalls schälen. Den Spitzkohl und den Wirsing längs vierteln, den Strunk entfernen und die Blätter in dünne Streifen schneiden. Die Karotten und die Pilze in dünne Scheiben schneiden, den Lauch in schräge Ringe schneiden. Die Garnelen flach auf das Schneidebrett legen und der Länge nach zwei- bis dreimal teilen, den angefrorenen Rehrücken in dünne Scheiben schneiden. Alle Zutaten für den Hot Pot roh in flachen Schalen anrichten.

▸ Die Grundbrühe in einem Fondue-Topf erhitzen und mittels Brenner heiß halten. Die Brühe mit den anderen Zutaten in der Mitte des Esstisches platzieren, sodass alle Gäste gut zugreifen können.

▸ Nun kann der Spaß beginnen: Die Gäste können nach Belieben abwechselnd Gemüse, Garnelen und den Rehrücken im Hot Pot garen und genießen.

▸ Zur geschmacklichen Abrundung können die Zutaten auch gern nach dem Garen in Sojasoße, Sweet-Chili-Soße oder Teriyakisoße getunkt werden.

Gesmokte Rehschulter mit Sellerie-Kartoffel-Gratin und Rosenkohl

Fichtennadeln ..., nein, das ist nicht unbedingt ein Badewasserzusatz, sondern durchaus etwas Küchentaugliches. Ist es mutig, den Wald dorthin zu bringen, wo er hingehört, nämlich an die Produkte, die er beherbergt? Ich finde: nein, es ist mehr als gerecht.

Das harzige Aroma der Fichtennadeln passt wunderbar zum Buchenrauch beim Smoken der Schulter. Der Rub wird ergänzt durch Aromen von Zimtblüte, Fenchel, Koriandersaat, Ingwer und Pfeffer.

Rehschulter 1 Rehschulter, ausgelöst ▪ 2 kleine Fichtenzweige, am besten mit frischem Grün ▪ 1–2 TL P&S Wildgewürz ▪ Salz und Pfeffer
Sellerie-Kartoffel-Gratin 50 g Schalotten ▪ 500 g vorwiegend festkochende Kartoffeln ▪ 250 g Sellerie ▪ 25 g Butter ▪ ca. 350 ml Sahne ▪ 1 P&S Muskatblüte, fein gehackt ▪ 50 g Parmesan ▪ Salz und Pfeffer
Rosenkohl 900 g Rosenkohl ▪ 25 g Butter ▪ 50 g geräucherter Speck, in Würfel geschnitten ▪ 50 g Schalotten, in Würfel geschnitten ▪ Muskatnuss, frisch gerieben ▪ Salz

▸ Die Rehschulter muss am Vortag vorbereitet werden. Dafür die von Knochen befreite Schulter mit den Fichtennadeln, dem Wildgewürz und Salz würzen. Das Fleisch am besten vakuumieren oder fest in Frischhaltefolie wickeln und über Nacht im Kühlschrank marinieren lassen.

▸ Am nächsten Tag einen Smoker auf 120 °C vorheizen. Die Rehschulter aus dem Vakuumbeutel nehmen, in den Smoker legen und mit den Fichtenzweigen belegen. Die Schulter ca. 2½ Stunden smoken, dabei mehrmals wenden. Die Kerntemperatur sollte ca. 65 °C betragen.

▸ In der Zwischenzeit das Sellerie-Kartoffel-Gratin vorbereiten: Die Schalotten schälen und fein würfeln, die Kartoffeln und den Sellerie schälen und in gleichmäßige dünne Scheiben schneiden, sodass sie ungefähr gleich groß sind.

▸ In einem Topf die Schalotten in der Butter anschwitzen, mit der Sahne aufgießen und die Kartoffel- und Selleriescheiben dazugeben. Mit der Muskatblüte sowie Salz und Pfeffer würzen. Das Gemüse in der Sahne etwa zu einem Drittel garen und dann in eine Gratinform umfüllen. Falls nötig, noch etwas Sahne hinzufügen.

▸ Den Parmesan über das Gratin hobeln und dieses dann im vorgeheizten Backofen bei 160 °C Umluft für 25–30 Minuten backen.

▸ Für den Rosenkohl die äußeren Blätter entfernen und den Strunk kreuzweise einschneiden. Den Rosenkohl in kochendem Salzwasser bissfest garen, anschließend in Eiswasser abschrecken.

▸ Die Butter in einer Pfanne schmelzen lassen, den Speck und die Schalotten darin sanft anbraten. Den Rosenkohl hinzugeben und das Gemüse mit Muskatnuss und Salz abschmecken.

Röllchen vom Kaninchenrücken und -bauch mit Linsengemüse

Ich habe in jungen Kochjahren in Irland gearbeitet. Dort wurde selbstverständlich der Bauchlappen eines saftigen irischen Weidelamms immer mitverarbeitet. Es macht ja auch Sinn, denn er kann als Mantel einer Füllung dienen, genau wie als Schutz vor zu viel Austrocknung beim Garen. Ich habe seitdem diese Philosophie immer wieder in meinen Küchen angewandt, hier nun übertragen auf den Kaninchenrücken. Im Kapitel „Zerlegung Kaninchen" ist Michael darauf eingegangen, wie man beim Auslösen des Rückens den Bauch am Rückenmuskel belässt (siehe ab Seite 88). Nur Mut, es ist ein Genuss.

Kaninchenrücken 4 St. Kaninchenschultern, ausgelöst, ohne Knochen und Sehnen ▪ 60 ml sehr kalte Schlagsahne ▪ 4 St. Kaninchenfilets ▪ 80 g Kaninchenleber, geputzt ▪ 80 g Steinpilze (es gehen auch andere Pilze) ▪ 50 g Rosinen ▪ roter Portwein ▪ 60 g Walnusskerne ▪ Thymian ▪ etwas glatte Petersilie ▪ 4 St. Kaninchenrückenfilets mit Bauchlappen ▪ Rapsöl ▪ Salz und Pfeffer

Linsengemüse 200 g Belugalinsen ▪ 50 g Frühlingslauch ▪ 50 g Schalotten ▪ 100 g Karotten ▪ 100 g Sellerie ▪ 50 g getrocknete Tomaten ▪ Butter ▪ 600 ml braunen Wild- oder Fleischfond (siehe Seite 146) ▪ 1 Lorbeerblatt ▪ 1 Thymianzweig ▪ P&S Kreuzkümmel ▪ Salz und Pfeffer

▸ Das Fleisch der Schulter in kleine Würfel schneiden und kurz im Tiefkühlschrank anfrosten. Anschließend wie bei der Wildschweinterrine beschrieben (siehe Seite 110), das gewürfelte Fleisch in eine Küchenmaschine mit Schneidemesser geben und mit Salz und Pfeffer würzen. Dann erst langsam kuttern, um alles gut zu vermischen. Nun die Geschwindigkeit erhöhen und die Sahne im dünnen Strahl dazugeben. Die Masse soll am Ende fein vermischt und leicht glänzend sein sowie zwischen den Fingern etwas kleben. Die entstandene Farce nun kalt stellen.

▸ Die Kaninchenfilets, die Leber und die Steinpilze ganz fein würfeln und zusammen in etwas Öl in einer Pfanne schnell und heiß anschwitzen. Mit Salz und Pfeffer würzen und auf einem Küchenpapier abkühlen lassen.

▸ Die Rosinen in etwas rotem Portwein einlegen, die Walnusskerne sowie Thymian und Petersilie fein hacken.

▸ Alle Zutaten nun mit der Farce vermischen und diese noch einmal abschmecken. Das geht übrigens auch hervorragend, wenn man von der Farce eine Garprobe macht, indem man etwas davon als Mini-Frikadelle brät und dann probiert.

▸ Nun das Kaninchenrückenfilet so auf das Schneidebrett legen, dass der Bauchlappen unten liegt und der Rücken Ihnen entgegen liegt. Den Rücken und den Bauchlappen mit etwas Salz und Pfeffer würzen.

▸ Die Farce in einen Spritzbeutel füllen und so auf den Rücken dressieren, dass sie diesen bedeckt. Nun den Bauchlappen um die Farce und das Kaninchenrückenfilet wickeln.

▸ Zum Schluss alles sehr stramm in Frischhaltefolie wickeln oder so vakuumieren, dass eine runde Rolle entsteht und sous vide bei 57 °C 40 Minuten garen.

- Für das Linsengemüse den Frühlingslauch in feine Ringe, die Schalotten, die Karotten, den Sellerie und die Tomaten in linsengroße Würfel schneiden und alles in Butter anschwitzen.
- Die Linsen dazugeben und den braunen Fond zu ¾ angießen. Das Linsengemüse langsam auf kleiner Hitze garen. Dabei darauf achten, dass noch genügend Flüssigkeit im Topf ist. Gegebenenfalls etwas vom restlichen Fond zugießen.
- Kurz vor Garende das Lorbeerblatt, den Thymianzweig und Kreuzkümmel dazugeben. Erst jetzt das Ganze salzen und mit Pfeffer aus der Mühle abschmecken. Das Linsengemüse darf ruhig ein wenig durch den Fond gebunden sein.
- Ich mag in dieser Kombination noch den Anisgeschmack von geschmortem Fenchel, dem ich gern mit Orangenabrieb einen besonderen Kick gebe.

Geschmorte Kaninchenkeule mit Kartoffeln und Wurzelgemüse

Ein Schmortopf, wie für gemütliche Abende gemacht: aus der Not geboren und für unschlagbar erklärt. Einmal im Jahr treffe ich meine besten Freunde zu einem besonderen Anlass: Bauwagenwochenende mitten im Winter. Im Spessart kann der Winter auch schon einmal heftig mit Schnee daherkommen. Wie sollte es anders sein, als dass ich für „meine Jungs" dann auch koche? Der Bauwagen ist allerdings nur mit einem kleinen gusseisernen Ofen aus Omas Restbeständen ausgestattet. Aber groß genug für einen kleinen Bräter, dessen Inhalt uns alle satt macht. Großartig lecker – ich weiß, dass es diesen Ausdruck eigentlich so nicht gibt, aber er ist die perfekte Steigerung.

Zutaten 6 St. Kaninchenkeulen, die Läufe sauber abgeschnitten und Knochen geputzt ▪ 400 g Karotten ▪ 400 g Sellerie ▪ 400 g Petersilienwurzel ▪ 400 g Perlzwiebeln ▪ 5 Knoblauchzehen ▪ 900 g Drillinge (kleine Kartoffeln) ▪ Butterschmalz ▪ 500 ml halbtrockenen Riesling ▪ 750 ml braunen Wild- oder Fleischfond (siehe Seite 146) ▪ P&S Wacholderbeeren, grob gemörsert ▪ P&S Piment, grob gemörsert ▪ 2 Lorbeerblätter ▪ 1 Rosmarinzweig ▪ Salz und Pfeffer

▸ Die Karotten, den Sellerie und die Petersilienwurzel in 2 × 2 cm große Würfel oder Rauten schneiden. Die Perlzwiebeln und den Knoblauch schälen und ganz lassen. Die Drillinge gründlich waschen.

▸ Die Kaninchenkeulen in Butterschmalz von allen Seiten anbraten und mit Salz und Pfeffer würzen. Aus dem Bräter nehmen und beiseitestellen.

▸ Im selben Bräter das Gemüse leicht bräunen lassen. Die Keulen wieder dazugeben und den Schmoransatz mit dem Riesling und dem Fleischfond ablöschen. Den Deckel aufsetzen und bei nicht zu großer Hitze ca. 40 Minuten schmoren lassen.

▸ Kurz vor dem Ende die grob gemörserten Gewürze, die Lorbeerblätter und den Rosmarinzweig dazugeben, den Fond abschmecken und leicht einkochen lassen.

Wildente im Ganzen aus dem Ofen, gefüllt mit Orangen, Äpfeln, Birnen und Schalotten

Unterschiedliche Jahreszeiten erfordern unterschiedliche Zubereitungsarten. Eine Wildente, gefüllt mit einer Mischung aus Äpfeln, Birnen, Orangen und gewürzt mit Salz und Kräutern, bietet alles für ein deftiges Ofengericht. Mit intensiven, fantastischen Aromen des Geflügels, außen kross und innen weich und saftig, während die Füllung direkt als Beilage serviert wird.

Zutaten 2–2½ kg Ente, Innereien entfernt, Flügelspitzen abgetrennt ▪ 200 g Äpfel, entkernt, gern mit Schale ▪ 200 g Birnen, entkernt, gern mit Schale ▪ 200 g Orange, ohne Schale ▪ 150 g Schalotten ▪ 1 TL P&S Wacholderbeeren ▪ 1 TL P&S Lebkuchengewürz ▪ frischer Thymian ▪ 2 Lorbeerblätter ▪ Salz und Pfeffer

▸ Die Ente säubern und mit Küchentüchern trocken tupfen. Innen und außen gründlich mit Salz und Pfeffer würzen.

▸ Für die Füllung die Äpfel, die Birnen und die Orange in walnussgroße Stücke schneiden und dabei die Orangenkerne entfernen. Die Schalotten grob hacken.

▸ Die Wacholderbeeren und das Lebkuchengewürz im Mörser grob zerstoßen. Etwas Thymian zupfen und die Lorbeerblätter zerreißen.

▸ Das Obst, die Schalotten, die zerstoßenen Gewürze, den Thymian und die Lorbeerblätter gut vermischen und mit Salz und Pfeffer kräftig würzen.

▸ Die vorbereitete Füllung in die Ente geben, bis sie prall gefüllt ist. Mit Spießen verschließen.

▸ Die abgetrennten Flügelspitzen und die übrig gebliebenen Obst- und Schalottenstücke in einen Bräter geben. Die gefüllte Ente darauflegen.

▸ Etwas Wasser in den Bräter geben. Die Ente im vorgeheizten Ofen bei 160 °C Umluft ca. 2 Stunden garen, dabei gelegentlich mit dem Sud aus dem Bräter begießen, damit sie schön saftig bleibt.

▸ Nach dem Garen die Ente kurz ruhen lassen, dann tranchieren und mit der Füllung servieren.

Taubenessenz mit Wurzelgemüse

Ein guter Wildfond ist die Grundlage für viele köstliche Gerichte. Die sorgfältige Zubereitung und die Auswahl der richtigen Zutaten sind entscheidend für den intensiven Geschmack und die Tiefe dieses Fonds. In diesem Rezept werden Taubenknochen mit Gemüse und Gewürzen langsam gekocht und reduziert, um einen reichhaltigen und aromatischen Fond zu erzeugen, der sich hervorragend für Soßen und Suppen eignet.

Taubenessenz 1 kg Taubenknochen (Karkassen) ▪ Butterschmalz ▪ 200 g Karotten ▪ 200 g Sellerie ▪ 300 g Schalotten ▪ 1 TL P&S Wacholderbeeren ▪ ½ P&S Muskatblüte ▪ 1 TL Pfefferkörner ▪ ½ TL P&S Pimentkörner ▪ 2 Zweige Petersilie ▪ 1 Zweig Rosmarin ▪ Salz
Taubensuppe 2 Taubenbrüste ▪ 750 ml Essenz ▪ 50 ml hellen Portwein ▪ 120 g Karotten ▪ 120 g Sellerie ▪ P&S Blütenmischung ▪ glatte Petersilie

▸ Die Taubenknochen in einem großen Topf mit Butterschmalz bei mittlerer Hitze sanft anbraten, bis sie eine schöne Karamellfarbe bekommen.

▸ Die Karotten, den Sellerie und die Schalotten in grobe Stücke schneiden und zu den Knochen in den Topf geben. Ebenfalls sanft bräunen lassen.

▸ Die Wacholderbeeren, die Muskatblüte, die Pfefferkörner und den Piment im Mörser leicht anstoßen und zum Fondansatz geben. Alles mit ausreichend Wasser bedecken und leicht salzen.

▸ Den Fond ca. 60 Minuten bei niedriger Hitze köcheln lassen. Dabei regelmäßig das sich an der Oberfläche absetzende Eiweiß abschöpfen.

▸ Kurz vor Ende der Kochzeit die Petersilie und den Rosmarin in den Fond legen, um ihn zu aromatisieren.

▸ Den Fond durch ein sehr feines Sieb gießen, um alle festen Bestandteile zu entfernen. Die Brühe langsam zu einer Essenz einkochen lassen, bis sie kräftig im Geschmack ist.

▸ Die Essenz am besten über Nacht im Kühlschrank erkalten lassen. So kann man das überschüssige Fett, das sich an der Oberfläche der Brühe gesammelt hat, besser entfernen.

▸ Brühe, die man nicht direkt benötigt, kann auch heiß in Schraubgläser gefüllt werden. So ist sie einige Tage im Kühlschrank haltbar. Oder man friert diese direkt in Portionen ein.

▸ Um aus der Essenz eine schöne Suppe zu machen, muss diese erwärmt und mit dem Portwein abgeschmeckt werden.

▸ Das Gemüse in feine Streifen schneiden, sodass sie noch auf einen Suppenlöffel passen, und in Salzwasser bissfest garen. Anschließend in die Suppentassen legen und etwas von der Blütenmischung sowie gezupfte Petersilie in jede Tasse geben.

▸ In der Zwischenzeit die Taubenbrust rosa braten, anschließend in dünne Scheiben schneiden und ebenfalls in die Tasse legen. Nun die heiße Essenz angießen und sofort servieren.

Grundrezept Wildbratwurst

Neben den klassischen Muskelpartien, die wir ja ausführlich beschrieben haben, lässt sich Wildfleisch genauso zu Wurst verarbeiten wie andere Fleischarten. Besonders Wildschweinfleisch verleiht der Wurst ein intensives Aroma. Wichtig ist, dass alle Sehnen, Faszien, Oberflächenhäutchen und Bluteinschlüsse entfernt werden, da sie sich beim Wolfen nicht auflösen und später unangenehm im Mund sind. Fett ist ein wichtiger Aromaträger, und Wildfett enthält viele hochwertige Omega-3-Fettsäuren.

Mein Tipp für die Jäger: Möglichst ein schweres Schwein in der Milchreife der Erntejagd im Mais erlegen, dann dünn abschwarten und das Fett portionsweise einfrieren, um es zur Verarbeitung wieder aufzutauen – so hat man dann meist passendes Fett für die Wurstproduktion.

Zutaten: 1 kg Wildfleisch (z. B. Wildschwein oder Reh) ▪ 200 g Fett (Wildfett oder Schweinefett) ▪ 14 g Kochsalz pro kg ▪ 1,5 g frisch gemahlener Pfeffer pro kg ▪ Aromen nach Wahl (max. 1 g pro kg): Kräuter (z. B. Rosmarin, Thymian, Salbei, Estragon, Koriander), Zitrusfruchtabrieb (z. B. Zitrone, Limette, Grapefruit, Orange), Ingwerabrieb, Chili, Zitronengras ▪ Därme (22–24 mm Saitling für Reh, 28–30 mm Schweinedarm für Wildschwein)

- Das Fleisch und das Fett in passende Würfel schneiden und gut kühlen **(1)**.
- Das Fleisch und das Fett mit dem Kochsalz und dem Pfeffer mischen. Aromen nach Wahl hinzufügen und alles gründlich vermengen. Zu den geeigneten Aromen gehören verschiedene Kräuter wie Rosmarin, Thymian, Salbei, Estragon oder Koriander, die fein gehackt werden. Auch der Abrieb von unbehandelten Zitrusfrüchten wie Zitrone, Limette, Grapefruit oder Orange, sowie Ingwerabrieb, Chili und Zitronengras können hinzugefügt werden, um der Wurst eine besondere Note zu verleihen.
- Die gewürzte Fleisch-Fett-Mischung durch eine 4–5 mm-Scheibe des Fleischwolfs lassen. Danach die gewolfte Masse nochmals gut durchmischen, damit sich die Gewürze gleichmäßig verteilen **(2)**.
- Die Därme in lauwarmem Wasser einweichen und gründlich spülen, um das Salz zu entfernen. Das Wasser dabei öfter wechseln. Etwas Wasser in die Därme laufen lassen, um sie flexibler zu machen. Den Darm über die Tülle der Handfüllmaschine ziehen und das Wasser ausstreichen **(3)**.
- Die Wurstmasse in die Handfüllmaschine füllen und dabei darauf achten, die Luft aus dem Kolben zu drücken. Langsam die Wurstmasse in die Därme einfüllen. Darauf achten, dass die Würste nicht zu fest gefüllt werden, da sie noch abgedreht werden müssen.
- Einfacher ist es, zu zweit zu arbeiten: Einer kurbelt dabei langsam die Handfüllmaschine, während der andere den Darm hält und durch Druck die Füllmenge reguliert **(4)**.
- Die gefüllten Würste in gewünschter Größe abdrehen und abschneiden **(5)**. Die Bratwürste vakuumieren und einfrieren. Dabei alles entsprechend beschriften, um die Würste später zuordnen zu können. Alternativ können die Würstchen auch frisch auf den Grill gelegt werden **(6)**.

1

2

3

4

5

6

Wildbratwurst mit Kirschbiersenf und Rahmwirsing

Kirschbiersenf – wie geht denn so etwas? Warum gerade ein Senf, der eine süße Note hat, und dazu noch Wirsing – etwas Derbes, Kräftiges und trotzdem Cremiges? Hier vereinen sich viele Ideen und Erlebnisse. Mein erstes Kirschbiererlebnis hatte ich in Brandenburg, und dieses süffige, süße Getränk mit angenehmer Säure ist mir bis heute in Erinnerung geblieben.

Dann meine ersten Gehversuche mit der Senfherstellung: Immer etwas zu scharf, immer etwas zu viel Säure. Und da war sie wieder, die Erinnerung an das Kirschbier. Durch das Ändern der Rezeptur war der Kirschbiersenf geboren.

Und wie kommt der Rahmwirsing ins Spiel? Die Sahne schmeichelt dem würzigen Geschmack des Wirsings und passt sich gleichzeitig der Süße des Senfs an. Somit sind beide gute Begleiter zu Röstaromen, wie sie bei einer Wildschweinbratwurst entstehen.

Bratwurst Siehe Seite 140
Kirschbiersenf 50 g helle Senfsaat ▪ 50 g dunkle Senfsaat ▪ 300 ml Kirschbier ▪ 150 ml Fruchtessig mit höchstens 4 % Säure (am liebsten Dattelessig) ▪ Meersalz ▪ 100 g Senfmehl
Rahmwirsing 600 g Wirsingblätter, ohne Strunk ▪ 75 g Speck, in Würfel geschnitten ▪ 50 g Schalotten, in Würfel geschnitten ▪ 50 g Butter ▪ P&S Muskat, frisch gerieben, zum Abschmecken ▪ 150 ml Gemüsebrühe ▪ 200 ml Sahne ▪ Salz

▸ Die Herstellung der Bratwurst ist auf den vorherigen beiden Seiten beschrieben. Nur Mut – sie wird gelingen.

▸ Für den Kirschbiersenf die helle und die dunkle Senfsaat leicht im Mörser anstoßen.

▸ Das Kirschbier und den Fruchtessig auf 70 °C erwärmen und dann die hellen und dunklen Senfkörner dazugeben.

▸ Das Senfmehl in den Sud einrühren, mit Meersalz abschmecken und in ein Schraubglas abfüllen. Erkalten lassen und gern zwei Tage im Kühlschrank reifen lassen vor der ersten Verwendung.

▸ Für den Rahmwirsing die Blätter vom Strunk lösen, das geht am einfachsten, wenn man die Wirsingblätter kreisförmig am Strunk herum abtrennt. Diese waschen und die festen Rippen in der Mitte des Blattes entfernen. Anschließend die Blätter in feine Streifen schneiden.

▸ Die Speck- und die Schalottenwürfel in der Butter leicht anbraten, den Wirsing dazugeben und mit Salz sowie Muskat würzen. Die Gemüsebrühe angießen und den Wirsing darin kurz dünsten. Das Ganze mit der Sahne ablöschen und bissfest gar ziehen lassen.

Wildburger mit Ananas und Sesam-Mayonnaise

Ich habe lange überlegt, ob ich mich einem Burger widmen solle, denn davon gibt es mehr als genug. Dass ich mich in diesem Buch dennoch damit beschäftige, liegt daran, dass bei der Verarbeitung von Wildfleisch immer wieder Fleischabschnitte anfallen, die ich in gehackter Form zu Burger-Pattys verarbeiten kann. Und wenn schon einen Burger, dann einen, der anders ist.

Burger-Pattys 1 kg Wildfleisch (z. B. Wildschwein oder Reh) ▪ 200 g Fett (Wildfett oder Schweinefett) ▪ 14 g Kochsalz pro kg ▪ 1,5 g frisch gemahlener Pfeffer pro kg ▪ Burgerpresse
Burger-Buns 180 ml warmes Wasser ▪ 80 ml Milch 3,5 % Fett ▪ 30 g Zucker ▪ 1 Würfel frische Hefe ▪ 500 g Weizenmehl Type 550 ▪ 8–10 g Meersalz ▪ 75 g sehr weiche Butter ▪ 1 Ei (Größe M)
Bun-Oberfläche 30 ml Milch ▪ 30 ml Wasser ▪ 1 Ei ▪ Sesam, nach Bedarf
Sesam-Mayonnaise 2 Eidotter ▪ 1 TL milden Senf ▪ 125 ml Rapsöl ▪ 60 ml Sesamöl ▪ Limettenabrieb ▪ Salz und Pfeffer
Burgerbelag Ananasscheiben, gegrillt ▪ Pak Choi ▪ Zwiebeln, in Ringe geschnitten ▪ Fleischtomate, in Scheiben geschnitten ▪ Avocado, in Scheiben geschnitten

▸ Die Zutaten der Burger-Pattys wie beim „Grundrezept Grillbratwurst“ (siehe Seite 140) durch den Fleischwolf lassen. Ich empfehle hier eine gröbere Scheibe von 5 mm, denn dann ist der Biss etwas fleischiger und es schmeckt noch besser.

▸ Anschließend die Pattys formen und je nach Zielgruppe – Kinder oder Erwachsene – zwischen 80 und 200 g portionieren. Eine strukturierte Burgerpresse gibt den Pattys eine passende Form.

▸ Anschließend in einer Pfanne oder auf dem Grill (ca. 220 °C) scharf anbraten. Wenn auf der Oberseite Fleischsaft austritt, sollten sie gewendet werden. Anschließend im indirekten Bereich gar ziehen. Wer möchte, kann jetzt auch Ananasscheiben grillen.

▸ Für die Buns das Wasser und die Milch mischen und auf 35 °C erwärmen. Den Zucker und die Hefe darin auflösen. Diese Mischung 5 Minuten stehen lassen.

▸ Das Mehl sieben und in die Knetschüssel der Küchenmaschine geben. Das Salz dazugeben und beides gut mischen.

▸ Nun die Hefe-Milch-Mischung, die Butter und das Ei dazugeben und den Teig langsam kneten lassen, bis er eine elastische Konsistenz hat.

▸ Den Teig 1 Stunde zugedeckt an einem warmen Ort gehen lassen.

▸ Für die Bun-Oberfläche die Milch, das Wasser und das Ei miteinander mischen. Darauf achten, dass diese Mischung handwarm ist, damit die Buns beim Bestreichen später nicht einsacken.

▸ Nun den Teig in 80 g-Teiglinge aufteilen und diese zu runden Brötchen wirken. Erneut ca. 20 Minuten gehen lassen.

▸ Danach die Teiglinge mit der Wasser-Milch-Ei-Mischung bestreichen und, wenn gewünscht, hellen oder dunklen Sesam darüberstreuen.

▸ Die Buns bei 200 °C Ober-/Unterhitze ca. 15–18 Minuten backen.

▸ Für die Sesam-Mayonnaise sollten alle Zutaten Zimmertemperatur haben, damit eine gute Emulsion entstehen kann.

▸ Die Eidotter und den Senf in einer bauchigen Schüssel miteinander vermischen.

- Die beiden Öle mischen und tröpfchenweise mit einem Schneebesen in die Eidotter-Senf-Mischung einrühren. Die sich bildende Emulsion wird nun immer fester.
- Wenn das Öl aufgebraucht ist, können Sie die Mayonnaise noch mit Limettenabrieb und Salz sowie Pfeffer abschmecken.
- Jetzt geht es um den Aufbau des Burgers: Ich persönlich finde die Kombination von nussiger Mayonnaise, dem süßen Karamellgeschmack gegrillter Ananasscheiben und dem leicht bitteren, saftigen Pak Choi passend für einen Wildburger. Bitte nicht die Zwiebeln und die obligatorische Fleischtomate vergessen. Beides bringt noch zusätzlich Süße, aber auch Säure mit. Und zu guter Letzt bindet eine reife Avocado alle Aromen gut an unser Wildfleisch.

Brauner Fondansatz

Ein solider Fond ist immer ein wesentlicher Bestandteil einer nachhaltigen und geschmackvollen Kochkunst. Als Liebhaber von Soßen ist mein Credo daher: ohne Soße kein vollkommenes Vergnügen. Das Zubereiten von Soßen ist keine Angelegenheit für Eilige. Es erfordert Zeit, Hingabe und hochwertige Grundzutaten. Immerhin ist das Ergebnis die Essenz der verwendeten Zutaten – ein Prozess des Auslaugens.

Bereits die Vorbereitung der Zutaten beeinflusst maßgeblich die Qualität des Fonds. Ist das Gemüse geschält und gleichmäßig geschnitten? Wurde die richtige Reihenfolge beim Rösten beachtet? Wurde nicht zu stark erhitzt? Verdampfte der Wein beim Ablöschen vollständig oder hinterließ er unangenehme Aromen? Hatte der Fond ausreichend Zeit, um die Inhaltsstoffe der Zutaten in die kostbare Flüssigkeit abzugeben?

Es gibt viel zu beachten. Daher widmen wir uns in diesem Buch ausführlich diesem Thema mit einer Schritt-für-Schritt-Anleitung.

Zutaten 2,5 kg Knochen, gehackt ▪ 200 g Karotten ▪ 200 g Sellerie ▪ 200 g Petersilienwurzel ▪ 200 g Schalotten oder Zwiebeln ▪ 50 g Frühlingslauch ▪ 100 g Tomaten ▪ 50 g Pilze ▪ Butterschmalz ▪ 1 EL Tomatenmark, zweifach konzentriert ▪ 250 ml Rotwein ▪ Kräuter nach Wahl (Rosmarin, Thymian, Petersilie, Olivenkraut) ▪ Gewürze nach Wahl (Lorbeer, Wacholder, Piment) ▪ Pfeffer und Salz ▪ Liebe und Zeit

▸ Das Gemüse – hier gelbe und orange Karotten, Sellerie, Petersilienwurzel und Schalotten sowie Frühlingslauch – sollte in gleich große Würfel geschnitten werden, idealerweise nicht größer als 2 × 2 cm. Auf diese Weise erhalten die Lebensmittel eine optimale Oberflächengröße für eine gleichmäßige Bräunung, was für die Herstellung eines ansprechenden Fonds entscheidend ist **(1)**.

▸ Die Knochen sollten möglichst klein gehackt werden, idealerweise mit einem guten Küchenbeil **(2)**. Anschließend werden sie sanft im Butterschmalz, nicht zu heiß, angeröstet **(3)**.

▸ Sobald eine schokoladenfarbige Bräunung eintritt, kann das Gemüse hinzugefügt werden **(4)**. Lauch und Tomaten kommen erst später dazu, um ein Verbrennen und das Entstehen von Bitterstoffen zu vermeiden. Die richtige Temperatur ist hierbei entscheidend, da zu hohe Hitze zu dunklerer Färbung und Bitterstoffen führen kann **(5)**.

▸ Um dem Fond Umami zu verleihen, füge ich nun die Tomaten und die Pilze hinzu. Umami wird oft als herzhaft, intensiv, pikant oder fleischig beschrieben und ist unter anderem in Lebensmitteln wie Parmesan, Sojasoße oder Rindfleisch zu finden. Es wird als eigenständiger Geschmack wahrgenommen, ähnlich wie salzig, sauer, bitter und süß **(6)**.

1

2

3

4

5

6

▸ Für Farbe und eine leichte Säure im Fond gebe ich das Tomatenmark hinzu. Nun ist es auch Zeit für den Frühlingslauch **(7)**.

▸ Während des Röstens von Gemüse und Knochen bilden sich wertvolle Röststoffe am Boden des Bräters. Um diese zu lösen, lösche ich den Vorgang mit dem Rotwein ab **(8)**. Ein häufiger Fehler ist dabei, die Hitze nicht zu reduzieren. Wenn der Bräter zu heiß ist, verdampfen die aromatischen Bestandteile des Weins und es können unangenehme Bitterstoffe entstehen.

▸ Nachdem der Wein hinzugefügt wurde, lasse ich den Fond langsam köcheln und löse die Röststoffe mit einem Holzpfannenwender vom Boden, damit sie in den Fond übergehen können. Hier **(9)** sieht man die gelösten Röststoffe, die sich mit dem Wein zu einer sirupartigen Konsistenz verbinden.

▸ Anschließend fülle ich den Fondansatz mit Wasser auf, um den Ausziehprozess zu beginnen **(10)**. Die Temperatur sollte knapp unter dem Siedepunkt gehalten werden, damit der Fond ziehen kann. Hektik ist hier fehl am Platz.

▸ Den entstehenden Eiweißschaum, der sich auf der Oberfläche bildet, entferne ich regelmäßig, um zu verhindern, dass Trübstoffe zurück in den Fond gelangen. Dabei nehme ich auch überschüssiges Fett von der Oberfläche ab. Diese Pflege entscheidet später über die Klarheit des Fonds.

▸ Wenn der Fond nach zwei bis drei Stunden (abhängig von der Größe der Knochen und des Gemüses) genügend Aroma entwickelt hat, können Gewürze, Kräuter und spezielle Alkohole wie Sherry oder Portwein hinzugefügt werden, um den Geschmack weiter zu verfeinern. Da diese Zutaten eher flüchtige Aromen besitzen, werden sie kurz vor Ende der Garzeit eingefügt **(11)**.

▸ Nach dem Kochen passiere ich den Fond durch ein sehr feines Sieb und entfette ihn nach dem Erkalten **(12)**.

▸ Durch das Reduzieren der Flüssigkeit wird die Intensität und Bindung des Fonds gesteigert.

▸ Fonds, die auf diese Weise hergestellt wurden, können auch heiß in Schraubgläser gefüllt und durch Einkochen im Wasserbad bei 100 °C für 60 Minuten haltbar gemacht werden. Auf diese Weise sind sie auch ohne Kühlung etwa ein halbes Jahr haltbar.

7

8

9

10

11

12

Soßen

Überraschen Sie Ihre Gäste doch einmal mit selbst gemachten Soßen und eigenen Senfkreationen. In den zuvor beschriebenen Gerichten habe ich bereits die Herstellung von Kirschbiersenf (siehe Seite 142) und einem Feigen-Mango-Ketchup (siehe Seite 127) beschrieben.

Die eigenen Soßen halten sich mehrere Tage im Kühlschrank, sodass Sie sie auch über längere Zeit genießen können.

BBQ-Soße 150 g Zwiebeln, fein gewürfelt ▪ 2 Knoblauchzehen, fein gewürfelt ▪ 4 EL Olivenöl ▪ Zimtblüten ▪ 1 P&S Sternanis ▪ 1 EL helle Senfsaat ▪ 1 EL getrockneter Thymian ▪ 1 EL geräuchertes Paprikapulver ▪ 330 ml Malzbier ▪ 150 g Tomatenmark ▪ 400 ml Rinderbrühe ▪ 2–3 EL Sojasoße ▪ 100 ml rauchiger Whiskey ▪ Essig ▪ Salz und Pfeffer
Aprikosensenf 50 g Schalotten, fein gewürfelt ▪ 2 Lorbeerblätter (frisch), mehrmals eingeschnitten ▪ 3 Nelken ▪ 50 g brauner Zucker ▪ 300 ml Cider (ersatzweise trockener Apfelwein) ▪ 150 ml Apfelessig ▪ 90 g getrocknete Aprikosen ▪ ½ EL Koriandersaat ▪ Meersalz ▪ 50 g helle und dunkle Senfsaat ▪ 40 g Senfmehl ▪ Salz und Zucker

▸ Für die **BBQ-Soße** die Zwiebeln und den Knoblauch mit dem Olivenöl in einem Topf bei mittlerer Hitze glasig dünsten. Zimtblüten und den Sternanis im Mörser zerkleinern und zusammen mit der Senfsaat, dem Thymian und dem Paprikapulver zu den Zwiebeln geben, kurz mitdünsten.

▸ Mit dem Malzbier ablöschen und aufkochen. Das Tomatenmark und die Rinderbrühe einrühren, bei milder Hitze 10 Minuten einkochen lassen. Mit der Sojasoße, dem Whiskey, Essig, Salz und Pfeffer abschmecken.

▸ Die heiße Soße in sterile Weckgläser füllen, im heißen Wasserbad sterilisieren und abkühlen lassen.

▸ Für den **Aprikosensenf** die Schalotte und die Lorbeerblätter mit den Nelken, dem Zucker, dem Cider und dem Apfelessig bei milder Hitze 5 Minuten leicht köcheln lassen.

▸ Die Aprikosen in kleine Würfel schneiden.

▸ Die Koriandersaat mit etwas Meersalz fein zerkleinern, die Senfsaat grob mörsern und zur Koriandersaat geben.

▸ Den Topf von der Hitze nehmen, den Sud durch ein sehr feines Sieb gießen und nacheinander das Senfmehl, die Senfmischung und die Aprikosen unterrühren. Mit Salz und bei Bedarf etwas Zucker abschmecken.

▸ Den Senf in saubere Gläser füllen und mindestens 2 Tage durchziehen lassen.

BBQ-Soße
Kirschbiersenf
(siehe Seite 142)
Feigen-Mango-Ketchup
(siehe Seite 127)

Grillbeilagen

Die Grillsaison in der BBQ-Szene ist genauso wie die Jagdzeit der Jäger und geht immer, nämlich vom 1.1. bis 31.12. eines jeden Jahres, also täglich. An Grills ist alles geeignet: sowohl der archaische Holzfeuer-Schwenkgrill als auch der moderne Pellet Smoker. Sicher gibt es für alle Gelegenheiten den passenden Grill, nutzen Sie das, was sie zu Hause haben.

Eine schnelle Beilage zu Grillgerichten ist ein Salat aus Spitzkohl oder gegrilltes Sommergemüse wie Paprikaschoten, Auberginen und Zucchini.

Besonders mag ich Kräuterseitlinge, die zuvor mit Olivenöl, etwas Salz und Rosmarin gewürzt wurden.

Spitzkohlsalat 1 Spitzkohl (ca. 1 kg) ▪ 50 g Granatapfelkerne ▪ 1 kleiner Bund glatte Petersilie ▪ 40–50 ml heller Balsamicoessig ▪ 120 ml Olivenöl ▪ Zucker, zum Abschmecken ▪ Kreuzkümmel, zum Abschmecken ▪ Salz und Pfeffer
Grillgemüse Zucchini ▪ Aubergine ▪ Paprikaschoten ▪ rote Zwiebeln ▪ Olivenöl ▪ Rosmarin ▪ Knoblauch, nach Geschmack ▪ Thymian, nach Geschmack ▪ Salz und Pfeffer
Kräuterseitlinge Kräuterseitlinge (Steinpilze oder Champignons eignen sich ebenfalls hervorragend zum Grillen) ▪ Olivenöl ▪ frische Kräuter nach Wahl ▪ Schalotten, in Streifen geschnitten ▪ Salz und Pfeffer

▸ Den **Spitzkohl** vierteln, den Strunk entfernen und in feine Streifen schneiden.

▸ Mit Salz, Zucker und Kreuzkümmel würzen und gründlich durchkneten.

▸ Granatäpfel vorsichtig halbieren und die Kerne herauslösen, die Petersilienblätter grob hacken.

▸ Alles vermischen und mit dem Balsamicoessig, dem Olivenöl sowie Salz und Pfeffer abschmecken.

▸ Für das **Grillgemüse** Zucchini und Auberginen in 1 cm dicke Scheiben schneiden. Paprikaschoten halbieren, das Kerngehäuse entnehmen und nach dem Waschen in ähnlich große Stücke wie die Zucchini und Auberginen schneiden. Rote Zwiebeln schälen und vierteln.

▸ Um von vornherein genügend Geschmack an das Gemüse zu bekommen, das geschnittene Gemüse in eine ausreichend große Schüssel geben und alles mit Salz, Pfeffer, Olivenöl und Rosmarin würzen – wer mag, kann auch ein wenig Knoblauch, Thymian und alles, was das Herz begehrt, hinzufügen.

▸ Nun alles gut mischen und gern 30 Minuten ziehen lassen.

▸ Anschließend auf der Grillplatte oder dem Grillrost zu einer leckeren Beilage veredeln.

▸ Die **Kräuterseitlinge** mit einem Tuch abreiben, um eventuell anhaftenden Schmutz zu entfernen. Wenn möglich, auf das Waschen verzichten, um zu verhindern, dass sie unnötig Wasser aufsaugen.

▸ Ich schneide die Pilze gern der Länge nach in etwas dickere Scheiben, um die Form des Pilzes beizubehalten. Dann mit Olivenöl, frischen Kräutern und Schalotten vermengen.

▸ Erst beim Braten oder Grillen gebe ich Salz und Pfeffer hinzu. Das hat den Vorteil, dass die Pilze in Ruhe bräunen können und weniger Wasser durch den Kontakt mit dem Salz ziehen.

Kräuterseitling
Spitzkohlsalat
Grillgemüse

Ich bin froh und dankbar, mit meinem kongenialen Co-Autor Andreas Seel diese kurzweilige Gebrauchsanweisung zum nachhaltigsten Fleisch der Welt, dem heimischen Wild, geschrieben zu haben. Andreas, du bist auch der Erste, dem ich danken möchte. Denn als ich dich gefragt habe, ob du eventuell Lust hättest, schöne Wildrezepte beizusteuern, hast du keine Sekunde gezögert und dich direkt mit Feuereifer eingebracht. Das Ergebnis, finde ich, ist fantastisch! Vielen Dank für deine Zeit und diese großartige Inspiration.

Als Nächstes gilt der Dank unserem Fotografen Ingo Hilger, der mit immer neuen und frischen Ideen dafür Sorge getragen hat, dass wir unser fantastisches Wildfleisch so appetitlich und ansprechend in Szene setzen konnten. Bei Ingo Hilger von Horesco wusste ich, dass wir ein perfektes Ergebnis erzielen, und ich danke dem Verlag, dass er meinem Vorschlag gefolgt ist und Ingo für dieses Buch engagiert hat.

Dem HEEL Verlag und dem gesamten Team gilt mein nächster Dank, denn es ist ja nicht selbstverständlich, dass ein Verlag das Risiko eingeht und einem unbekannten Metzger und Jäger die Möglichkeit bietet, seine Ideen in einem Buch umzusetzen. Vielen Dank euch allen! Die Zusammenarbeit war von gegenseitigem Vertrauen geprägt und ich entschuldige mich an dieser Stelle für die nicht immer eingehaltenen Fristen für Texte und Input. Der Dank gilt vor allem dem Verleger und Geschäftsführer Franz-Christoph Heel und dem direkten Projektverantwortlichen Helge Wittkopp. Euch beide habe ich 2022 auf der Messe *Jagd & Hund* zum ersten Mal persönlich kennenlernen dürfen und wir waren im ersten Gespräch bereits auf einer Wellenlänge.

Außerdem danke ich dem Chefredakteur der *Deutschen Jagdzeitung*, Peter Diekmann, der mich erst auf die Idee gebracht hat, dieses Buchprojekt anzugehen. Seine Ansage war: „Ich bekomme mit, dass du was zum Thema Wild zu sagen hast. Willst du nicht ein Buch darüber schreiben?“ Nach kurzem Überlegen fand ich, er habe recht. Vielen Dank dafür, Peter. Hier ist es jetzt und ich hoffe, wir finden viele Leser – ob Jäger, Griller, Hobbyköche oder wen auch immer –, die es kaufen und nutzen.

Ferner bedanke ich mich bei Ulf Tassilo Münch, dem Organisator des Wild Food Festivals auf der Messe *Jagd & Hund*, sowie Tobias Schmitz, dem Projektleiter der Messe Dortmund, für die größte Jagdmesse der Welt und die Bühne, die ihr mir dort die letzten Jahre gegeben habt. Das war eine riesige Inspiration für dieses Buch – vielen lieben Dank.

Mein Dank gilt auch dem Landesjagdverband Nordrhein-Westfalen mit unserer großartigen Präsidentin Nicole Heitzig sowie dem Deutschen Jagdverband für die Kampagne „Wild auf Wild“ und die fantastische Arbeit, die ihr leistet, um unser heimisches Wildbret in die Küchen der Haushalte, aber auch der Gastronomie zu bekommen. Diese Kampagne unterstütze ich weiterhin mit allen mir zur Verfügung stehenden Mitteln und Möglichkeiten sehr sehr gern.

Last, but not least danke ich dir, mein Schatz Petra Keller, für deine Geduld und dein Verständnis, wenn ich wochenlang unterwegs bin oder mich tagelang ins Büro zurückziehe. Du hältst mir den Rücken frei und lässt mich das machen, was ich möchte, egal ob ich jage, doziere, schreibe oder metzgere – danke, meine Lebensliebe. Meine Arbeit ist auch mein Hobby und das weißt du ganz genau und lässt mir diese Freiheiten ohne Murren.

Michael Keller

Es ist geschafft ... Die Seiten gedruckt, das Buch gebunden und der Nachhall all der tollen Ideen, Gespräche und deren Umsetzung klingt noch leise nach. Zeit, sich zurückzulehnen und denen zu danken, ohne die ich nie hätte Teil werden können von diesem tollen Buch.

An erster Stelle danke ich dir, lieber Michael. Du hast mit glühenden Augen von diesem Projekt erzählt und mich gefragt, ob ich Teil dessen werden möchte. Was für eine Ehre! Wir arbeiten schon sehr lange zusammen und ich schätze deine gut geplanten Seminare und Schulungen, die du nicht nur für meine Schüler der Koch-Ausbildungsklassen der Julius-Wegeler-Schule gibst. Du bist bereit, immer alles zu geben, voller Leidenschaft, und das verbindet uns. Schade, dass dieses Projekt abgeschlossen ist. Es macht einfach Megaspaß mit dir. Vielen Dank!

Ich danke auch Ingo Hilger, dem Profi vor und hinter der Kamera. Wir kennen uns schon ewig, haben hier und dort versucht, die Kochwelt zu verändern. Deine meisterliche Erfahrung als Küchenchef verbindest du nun mit Linse, Objektiv und Selbstauslöser. Was du mit deiner Kamera einfängst, ist so schön. Ohne dich hätte dieses Buch sicherlich nicht so viel Glanz, Tiefe und Professionalität. Ich freue mich immer, dich mit, aber auch ohne Kamera in der Hand zu sehen.

Danken möchte ich zudem dem Verleger und Geschäftsführer des HEEL Verlages, Herrn Franz-Christoph Heel. Das Vertrauen darauf, dass etwas gut wird, auch wenn ein unbekannter Koch in der Suppe rührt, ist eine tolle Erfahrung. Ihr Team ist großartig, geduldig und immer dann erreichbar, wenn etwas anbrennt. Vielen Dank für die Möglichkeit, die Sie Michael Keller und mir gegeben haben.

Aus diesem Team möchte ich besonders Helge Wittkopp danken. Ich war aufgeregt. Meine erste Begegnung mit einem Lektor und Projektmanager. OMG. Du hast mich mit deiner Ruhe und Weitsicht, deiner Gabe, im Hintergrund den Überblick zu behalten, abgeholt. Ich konnte mich austoben und du hast mich selten gebremst. Vielen Dank dafür.

Lieber Martin Kottig, was du dir und deinen Jagdkollegen geschaffen hast, ist einmalig schön. Und dieses Juwel hast du uns einfach so überlassen, wilden Jungs, die zerwirken, hantieren, kochen, noch mehr zerwirken und noch mehr kochen. In deiner wunderbaren Küche des Jagdguts Westerwald ist alles zusammengewachsen, was in diesem Buch zusammengehört.

Und auch deinem Team vor Ort gilt mein Dank. Deine drei Profis vor Ort haben alles möglich gemacht: Deine Gutsverwalterin Silke Kaiser, dein Diplom-Forstingenieur / Wildmeister Erich Kaiser sowie Revierjäger Florian Iselt wurden nicht müde, uns zu unterstützen. Ihr seid etwas ganz Besonderes.

Und ich komme gern wieder ...

Ich danke auch unseren Sponsoren, denn ohne euch wäre dieses Projekt nicht umsetzbar gewesen.

Zum Schluss möchte ich meiner geliebten Melanie danken.

Danke für deine Geduld, wenn ich nächtelang am Schreibtisch saß, wenn ich so tief im Skript versunken war, dass ich rechts und links die Welt vergessen habe. Du hast mit mir gebrannt und mir jede Sekunde geschenkt, die ich für dieses Buch gebraucht habe. Du bist wunderbar.

Andreas Seel

Wir danken unseren Partnern für die gute Zusammenarbeit:

- dem Jagdgut Westerwald und Martin Kottig, dem Besitzer des Jagdgutes, das als Jagdgut Waldbreitbach das ehemalige Testrevier der *Deutschen Jagdzeitung* war, für die Bereitstellung dieser großartigen Räumlichkeiten mit perfekt eingerichteter Küche, der großen Wildkammer, den Zerwirk-Räumlichkeiten, die in dieser Atmosphäre sicherlich einmalig sind. Lieber Martin, ganze viereinhalb Tage hast du uns selbstlos das komplette Jagdgut überlassen und wir konnten fototechnisch agieren, wie wir wollten. Es waren lange Tage mit großartigen Fotos, die dabei entstanden sind. Meinen allergrößten Respekt für diese einmalige Örtlichkeit und deine außergewöhnliche Großzügigkeit.

- der Firma Landig für die Bereitstellung des Wurst-Equipments, Zubehörs und Vakuumiergerätes. Seit über 40 Jahren steht das Bad Saulgauer Familienunternehmen Landig für hochwertige und praxisgerechte Produkte im Bereich der Lebensmittelverarbeitung und Verpackungstechnik. Mit langjähriger Erfahrung und fundiertem Know-how macht Landig mit den drei Marken LANDIG, LAVA und DRY AGER weltweit Kunden zu Fans. Mittlerweile ist das Unternehmen in mehr als 50 Ländern mit einem Vertriebs- und Servicenetz vertreten. Im Dezember 2019 ist das gesamte Team in ein modernes Bürogebäude mit angrenzender Produktion und Logistikfläche eingezogen. Damit startete Landig in ein neues Zeitalter. Zwar ist man bei Landig auf die lange Unternehmenstradition sehr stolz, aber das impliziert keinen Stillstand. Vielmehr interpretieren das die Mitarbeiterinnen und Mitarbeiter von Landig als Anspruch stetiger Weiterentwicklung.

- der Firma Giesser für die Bereitstellung der Messer, Zerwirk- und Kochwerkzeuge. Giesser steht seit fast 250 Jahren für die Kunst der Messermacherei. Gegründet 1776 von Johannes Giesser in Winnenden, hat sich die Firma über Generationen hinweg der Perfektionierung von Schneidwerkzeugen verschrieben. In ihrer Lehrwerkstatt in Winnenden werden junge Menschen zu Feinwerkzeugmechanikern ausgebildet, mit herausragendem Erfolg – sieben Auszubildende wurden in den vergangenen 15 Jahren Bundessieger. Am Produktionsstandort befindet sich die höchste Dichte an ausgebildeten Messerschmieden in Deutschland und vermutlich weltweit. Bei Giesser verstehen man sich nicht nur als Hersteller von Werkzeugen, sondern als Bewahrer einer Tradition, die durch Innovation und Hingabe an höchste Qualität geprägt ist.

▸ der Firma Grillfürst für die Bereitstellung der Grillgeräte und des Zubehörs. Grillfürst ist als führender Grillfachhändler in Deutschland aus der BBQ-Szene nicht mehr wegzudenken. Vor mehr als 13 Jahren als reiner Onlinehandel gestartet, hat Grillfürst mit deutschlandweit 14 Filialen und einem Standort in der Schweiz die Branche maßgeblich mitgestaltet Maßgeblicher Bestandteil des Erfolgs ist die Grillfürst Eigenmarke, ein eigenes umfangreiches Produktsortiment, das von Grillfürst selbst entwickelt und produziert wird. Eine Gasgrill-Serie mit besonderen Features gehört ebenso dazu, wie eine Vielzahl an Grillzubehör – von der Grillzange oder dem Thermometer bis zum Räucherzubehör – und Gusseisenprodukten wie die weltweit größte Dutch-Oven-Auswahl, Gusseisenpfannen etc. Mit über 7000 Artikeln von mehr als 60 Marken bietet Grillfürst das größte Produktspektrum der Branche gepaart mit hoher Expertise in der Beratung und einem eigenen Kundenservice.

▸ der Firma Pfeffersack und Söhne aus Koblenz für die Bereitstellung des Gewürzsortiments. Für sie kommen nur die besten und edelsten Gewürze der Welt infrage – und in die Dose. Zusätzlich arbeitet die Manufaktur seit 2011 ständig an neuen Gewürzmischungen, die den Gaumen auf eine kleine Weltreise schicken. Zurecht ist die Firma mächtig stolz darauf, dass ein beachtlicher Teil der Gewürze in Bio-Qualität bezogen werden kann, dabei wird die hohe Qualität regelmäßig von unabhängigen Instituten geprüft. Das heißt: keine Pestizide, mikrobiologisch absolut unbedenklich, frei von Schwermetallen und Sporen. Eben einfach nur richtig gute Gewürze. Mit jedem Kauf der Gewürze werden Kleinbauern und Erzeugerinitiativen auf der ganzen Welt unterstützt, die jeden Tag alles geben, um die beste Qualität zu liefern. Viele der Gewürze wachsen sogar wild an den entlegensten Orten der Welt und werden in liebevoller Handarbeit weiterverarbeitet. Und wenn der beste Estragon gleich um die Ecke wächst, muss er auch nicht aus der Ferne kommen. Selbst die Korken stammen aus CO_2-neutraler Forstwirtschaft portugiesischer Korkeichen und sind natürlich zu hundert Prozent recycelbar.

▸ der Firma ASA Selection für die Bereitstellung einer Auswahl an Geschirr.
Die Firma aus Höhr-Grenzhausen erhält international bedeutende Design-Auszeichnungen. Seit ihrer Gründung 1976 durch Yvonne und Axel Schubkegel hat sich ASA Selection von einem Familienbetrieb zu einem globalen Keramikunternehmen entwickelt und ist in über 80 Ländern präsent.
Das Leitmotto „Simple things are beautiful" prägt die Kollektionen und die Unternehmenskultur. Etwa 60 Mitarbeiter in Entwicklung, Vertrieb, Beschaffung und Finanzen leben diese Kultur. Zusätzlich werden bis zu fünf Auszubildende im Berufsbild Kaufleute im Groß- und Außenhandelsmanagement ausgebildet.
ASA Selection steht für schlichtes, unaufdringliches Design, das bewusst ein Lebensgefühl vermittelt, das im Gegensatz zum hektischen Alltag steht. Viele Produkte werden in Manufakturen hergestellt und tragen das Label „hands with passion" für handgefertigte Unikate.